想像力を　限りなく　刺激する！

子どもに体験させたい20のこと

佐藤　悦子

もくじ

はじめに——夢中になれる体験を——6

第一章

休日は、心も体も全力投球——17

#1 ノーザンホースパークマラソン——18
走ることは継続する力と自信をくれる
子どもと参加できるオススメの大会——27

#2 アグリライフ倶楽部——28
大地から得られる本物を感じ取る力
ファームでのランチ——34

#3 富士山の満月浴——36
宇宙の端っこに存在する自分を実感！
山登りグッズの揃え方——40

#4 キャンプ——42
火を囲めば、仕事も自然と遊びに

もくじ

#5 釣り 自分で釣った「いのち」はちゃんといただく 48
D.Y.F.C 55

#6 リゾナーレ八ヶ岳 私の考えるファミリーリゾートの理想形 56
リゾナーレ熱海 62

#7 さっぽろ雪まつり 極寒とダイナミックな雪遊びを楽しむ正しい冬の過ごし方 63
新千歳空港の楽しみ 68

#8 高知でホエールウォッチング 間近で見るクジラに命の偉大さと雄大さを感じる 70
四万十楽舎 73

#9 下田海中水族館 スペシャルサプライズならここ! ふれあいプログラムも充実 75
海外でイルカと触れあうなら 80

第二章

集中体験！ 感性を磨くプログラム ―― 89

#10 劇団四季『ライオンキング』 ―― 90
圧倒的迫力で心を揺さぶる舞台は新しい興味への扉を開く

#11 アートに触れる ―― 97
〝いいものをいいタイミングで〟

美術館で開催されるワークショップ ―― 102

#12 ピアノ ―― 103
情操教育のベーシック。上手な先生の探し方から発表会まで

未就学児でも鑑賞可能なコンサート ―― 109

#13 絵画教室 ―― 111
表現することで子どもの生き方が変わる

#14 YMCA ―― 117
多彩なプログラムが魅力、長いお休みの頼れる助っ人

YMCAのプログラムはいろいろ ―― 122

#15 Nanbo Discovery Camp ―― 124
〝英語が日常〟の環境に身を置きインターナショナルに慣れる

第三章

子どもの心に種をまく海外旅行 131

第三章を読んでいただく前に 132

#16 プロヴァンスの旅（フランス） 134
ヨーロッパの成熟を体験した幸せな子ども連れヴァカンス

#17 ディズニー・クルーズライン（アメリカ／カリブ海） 142
すべてにおいて「完璧」な、夢いっぱいの船旅

#18 ムパタ・サファリ・クラブ（ケニア マサイ・マラ） 148
子どもの夢が家族全員の宝物になる！

#19 タヒチ ボラボラ島（フレンチポリネシア） 155
南太平洋の鮮やかな海でしか体験できないこと

#20 バレンシアの火祭り（スペイン） 160
郷土色豊かな祭りを通じて異文化に触れる

食の楽しみ 165

あとがき 166

はじめに――
夢中になれる体験を

子どもにいろいろなことを経験させたい。でも何歳頃からどんなことができるのでしょうか？　これにはガイドブックのようなわかりやすい答えがあるわけではないので、私自身も子どもの成長に応じて、友人やまわりのパパ友＋ママ友など、たくさんの方々から多くのことを教えていただきました。おかげで息子が7歳になる今日に至るまで、いくつものドキドキ&ワクワクするような素敵な体験をすることができました。

それらはほとんど口コミというか、本やインターネットで漠然と検索しても出てこないような〝生きた〟情報ばかりで、だからこそ簡単に消費されて薄っぺらいものになってしまうことのない、濃くて充実した時間を過ごせたのだと思います。

子どもが成長してゆくこの大切な時期に、記憶に残る様々なことを共に楽しみたいと考えていらっしゃる方に、私の拙い経験ではありますがぜひご参考にしていただけたらと思い、この本を執筆させていただきました。

たいていのことはそれほど手間なく調べられる今の時代においても、子ども、とくに幼児期の子どもが体験できる深みのある遊びについての情報は、本当に入手しにくいものだと感じています。もちろん受け入れ側のキャパシティの問題もあると思いますが、もう少しまとまった資料か何かがあったらいいのに……とは、私自身もずっと思っていたことです。

たとえば親子で挑戦できるペアマラソン、小さい子どもでも味わえる富士山での感動、いのちや食についても教えてくれる釣り、テレビで観るのとはまた違った遊び方のできる雪まつり……。これらはすべて親しい友人から誘ってもらって初めて知ったり、自分が興味を持ったことを調べていったら、実は子どもにとっても素晴らしいアクティビティだということがわかったものです。

また、ミュージカル『ライオンキング』も、劇団四季通のママ友に2歳の時に誘っていただいて好きになったものですが、おそらく彼女の存在がなかったら、2歳で劇団四季の舞台を観に行こうなんて思いもよらなかったでしょう。でも行ってみると（個人差はありますが）2歳はミュージカル・デビュー適齢期でもあり、この時期に最良のものと出会えたことで、その後の興味と活動の領域がグッと広がりました。

今、子どもが経験していることが今後どれだけいきてくるのか、それは正直私にもわかりません。でも人生において本気で好きなことを見つけてほしい、それに社会に出る前に、何でもいいから、これに打ち込んだ、寝食を忘れて夢中になったということを経験してほしいというのが、主人と私の親としての最大の願いです。ですから、なるべく偏らない幅広い経験をしてほしいと思いますし、そこから広い視野や物事の本質を見極められる感性を育んでほしいと願っています。

第一章は「自然遊び」についてご紹介しています。なぜ自然遊びにこだわったかといえば、自然は、その中に身を置かなければ絶対に得ることの出来ない本物の感動や驚きに満ちていて、きっとそれは生きていく上で力になる素《もと》につながっていると思うからです。

これらの自然遊びは、子どもがいなかったら私たち夫婦も決して体験しなかったに違いありません。子どものために自分たちの時間をやりくりしたのは事実ですが、何かを犠牲にしたという感覚は毛頭なく、大人にとっても目の覚めるような鮮やかな経験で、人生の新しい愉しみを教えてもらうことができた至福の時間です。「育児は育自」とは昔から言われていますが、子どもと一緒に私たちの生き方の幅も広げてくれたような経験を、いくつかご紹介させていただきたいと思います。

第二章は、ミュージカルやアート、ピアノ、絵画、サマースクールや英語など、日常の中で続けていることについてまとめています。

子どもの感性や、理解力と表現力を育てる一助となることを願って、これからも継続していきたいと考えているお稽古やプログラムです。

#1 ノーザンホース パークマラソン

準備体操も念入りに

風船を空に飛ばしながらスタート。
お祭りのような盛り上がり！

#1

#1

馬も応援！

#1

走る！　結構ハイペース

#1

#1

気持ちいい芝生の上で、宝探しや綱引きなど、マラソン後のお楽しみも充実！

一度味わったら忘れられない
ゴールの達成感

#2 アグリライフ倶楽部

#2

#2

オクラの花

#2

#2

彩りもきれいな夏野菜

#2

#2

穫れたてにんじんの丸かじり
はファームのスペシャリテ！
大根だって丸かじり

#2

あまりにも大きな大根を引き抜いて
倒れ込む６歳児

#2

気持ちよく泥んこ（笑）

#2

田植え体験

#2

#2

美味しいジャガイモ

#2

5月に植えた稲を、9月に収穫。
鎌で刈り、束にして竿に干す
ところまで体験

#2

#3 富士山の満月浴

#3

宝永山荘

#3

#3

#3

日暮れを待って

#3

宝永第一火口

#3

#3

眼下に広がる雲海から赤い満月が悠然と。日が沈みきった後の闇の中では、まるで太陽のような明るさの月

#4

きれいな川の流れ

#4

カレー調理中

#4 キャンプ

#5 釣り

横浜沖で、アジ＆サバをめざして。
ポイントもばっちりで大漁！

#4

スイカ割り

#5

#5

自分で釣れると嬉しい！

#5

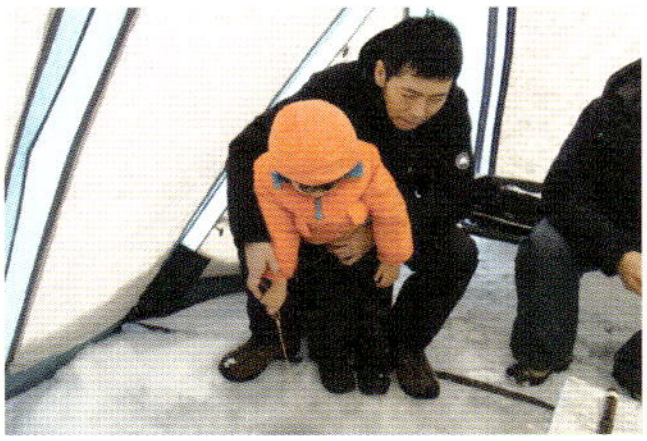

ワカサギ釣り

#5

ヒメマスをお刺身に

#5

管理釣り場で

#6

#6 リゾナーレ八ヶ岳

森の空中散歩やマウンテンバイク専用コースなど、敷地内のアクティビティも
どんどんアップデートされるリゾナーレ

#6

#6

家族でオーブン粘土に挑戦

#6

八ヶ岳の豊かな自然

おひさまキッチン

#6

#6

#7 さっぽろ雪まつり

#6

ハロウィン

#6

富士見パノラマスキーリゾート

#7

竹スキー

#7

大通り公園の故宮博物館。
屋台で北の味覚を楽しみつつそぞろ歩き

こんなに近くにクジラが!!

#8 高知でホエールウォッチング

過酷!(笑)

#9 下田海中水族館

#9

アザラシ餌やり体験

#9

プレゼント入りの防水箱を
運んでくるイルカ

#9

ハワイのドルフィン・クエスト

#9

自分の合図でイルカがジャンプ! 大勢の観客の前でのトレーナー体験には大緊張!

第一章

休日は、心も体も全力投球

#1

走ることは継続する力と自信をくれる

ノーザンホースパークマラソン

子どもと一緒に走ることの意味

子どもには、なるべくたくさんの豊かな経験をさせたいというのは、みなさん共通する思いでしょう。けれども時間にも体力にも限りがあります。では何を選ぶか？　選択の基準はさまざまかと思います。

わが家にもいくつか決定打となる基準がありますが、最も大きいものは、自然に触れて育ち、なるべく土と離れないこと、でしょうか。幼児期を自然と共に、土と共に過ごすことから得られる刺激は計り知れません。身体のみならず、情緒面でも成長につながる〝本物の感動〟が自然にはあると思うのです。

そんな私たちですから、必然的にアウトドアな体験が多くなります。とは言うものの主人も私も決してアウトドア派・体育会系というわけではないのです。この本でご紹介する内容の多くは、すべて子どもと一緒に私たち自身も初めて体験したことです。子どもが生まれてから、私たちも未知との遭遇の連続でしたが、子どものために自分のやりたいことを犠牲にして行なったものは何一つありません。子どもがいなかったら出会えなかった感動や、爽快な達成感、雄大な自然のパワーは、大人の私たちにとっても、生きていく上での素晴らしい刺激とエネルギーとなりました。ここから得たインスピレーションが仕事に結びついたことも多々あります。

子どもは大人が考えているよりずっと鋭い生き物です。子どものために誂《あつら》えたような体験ではなく、大人も一緒になって本気で夢中になれるようなものを経験できた時に初めて、心を揺さぶられるのだと思います。そういう意味で、「子どもに体験させたいこと」というより、「子どもと一緒に大人が体験したいこと」と言い換えてもいいかもしれません。

そんな気持ちで日々過ごしているのですが、これは珠玉の体験だったと自信をもってオススメできるものの一つに親子マラソンがあります。

ランニング流行たけなわですが、どうも一人で走る気になれなかった私。

でも、ひょんなことから始めた親子のマラソンは、目標に向かって走ること、本番に向かってコツコツ努力を続けること、昨日出来なかったことが今日は出来るようになること、そしてやり遂げる達成感、次の目標に向かう楽しさなど、様々なことを教えてくれたのです。

初めての親子マラソン

なぜマラソン？

私がマラソンに目を向けるようになったきっかけは、本当に偶然のことでした。2年前のある日、地下鉄京橋駅から地上に出たところ、ちょうど「東京マラソン」に遭遇したのです。往路ということもあってか、みなさん笑顔でとても楽しそう。沿道で応援する家族や友人と言葉を交わしながら進むランナーも少なくなく、その高揚感やエネルギーに満ちた雰囲気に一瞬にして魅せられた私は、実に単純に「出たい！　東京マラソン！　さらに夢はホノルルマラソンかも！」と、すっかりマラソンエントリーモードに入ってしまったのでした。

さっそく帰宅してすぐにマラソン大会を調べてみました。

マラソンに関して調べるなら、断然オススメなのが「RUNNET」▼というサイト。「日本最大級！　走る仲間のランニングポータル」というこのサイトは、日本はもちろん海外に至るまであらゆるマラソン大会の要項を提供している心強い情報源です。いつ、どこで、どんな大会があるかで調べることができますし、フルマラソンやハーフマラソンなど条件から大会を見つけることも可能です。おまけに、走ることに関するグッズや書籍などについても情報満載というありがたさ。

このサイトで2〜5㎞のペアマラソンあるいはペアランというカテゴリーの存在を発見しました。ペアマラソン（ペアラン）というのは、二人一組で参加するマラソンのことです。このカテゴリーはすべての大会にあるわけではないのですが、通常は参加可能

http://runnet.jp/
マラソン大会の情報から大会レポや結果、そしてブックガイドやショッピングまで、ランナーをトータルにサポートする便利なサイト。

な年齢が定められていたり、過去の実績が必要な中、このペアランだけは中学生以上とのペアであれば未就学児でもエントリーが可能なのです。

これを見つけた時の喜びと言ったらちょっと筆舌に尽くしがたいほどで、マラソンデビューとしてちょうどいい距離に加えて、さらに子どもと一緒に走れるとはなんて楽しそう！　と思わず心躍ってしまいました。

マラソンモードに突入した私が走りたいと思っただけなので、そもそも子どもと一緒に走る必然性はなかったのですが、北海道の牧場を走るという、素晴らしい環境の「ノーザンホースパークマラソン」を見つけたことで状況が一変しました。これはきっと子どもも楽しいはず、しかもかなり苦しいことを乗り越えなくちゃいけないし……と、努力と達成感という、私が子どもに経験させたいと思う要素が凝縮されていたのです。

北海道の牧場を走る！

5月第2週の日曜日に北海道で開催されるノーザンホースパークマラソン。▼ノーザンホースパークは、ディープインパクトほかG1レース優勝馬も多数輩出する名門牧場です。厩舎があるだけでなくて、一日じゅう馬と楽しく遊べる、広大な敷地の一大パーク。おまけに新千歳空港からも至近と交通アクセスもよいうえに、ウエディングも可能なレストランやBBQ《バーベキュー》コーナー、四季の花が楽しめるガーデンなどが点在しています。

ノーザンホースパーク
http://www.northern-horsepark.co.jp/home.php
北海道苫小牧市美沢114-7
☎0144-58-2116
ノーザンホースパークマラソンに関してはこちらのサイトで。
http://www.nhp-marathon.com/　エントリー開始は前年の12月中旬頃から。

2.5kmのペアランは、そんなパーク内を周回します。パークの木々や芝、池などを眺めながら舗装された道を走れるので、空気も景色も気分も最高！　ちょっと辛くなってくるあたりではパークの方がポニーと一緒に応援してくれたりと、子どもがマラソンデビューするにはこれ以上の環境はないのではないでしょうか。

ちなみに、この大会にはフルマラソンはなく、牧場から千歳市内まで往復する21kmのハーフマラソン、普段は立ち入れない競走馬用のウッドチップコースを走るという競馬ファン垂涎の約7kmのトレイルラン、そして2.5kmのペアランの3種類があります。

大会では朝から、ペアラン→トレイルラン→ハーフマラソンの順にスタートするのですが、ご家族で来場して子どもと一緒にペアラン、その後トレイルランやハーフマラソンにエントリーしているパパもたくさんお見かけしました。何しろ気持ちいいパークなので、広い芝生の上で思い切り遊んだり、屋台やレストランで北海道の美味しいランチを楽しんだりと、ハーフマラソン参加のパパを待っている間や、ペアランに出られない小さい子どもがママと楽しく過ごすことができます。

大会当日は、子どものための特別企画として、綱引きや宝探し、バルーンアートに似顔絵描きなど、まるでお祭りのように楽しい企画がたくさん用意されています。ランチも屋台が出ており、メニューは年によって異なるのでしょうが、うどんやじゃがバター、骨付きソーセージなど、大人も子どもも目移りしてしまいます。

マラソンの種類について少し。フルマラソンは42・195キロ、ハーフマラソンは約20キロ。ペアマラソンやトレイルマラソンは大会によって距離はさまざま。トレイルマラソンとは林道やハイキング道など舗装されていない道を走ること。

初マラソンに備えて

最高の環境で充実したパークを走るノーザンホースパークマラソンであってもマラソンはマラソン。何の準備もなしでは大人だって足を痛めてしまいます。ましてや私もマラソン歴はゼロ。ちなみに大学生の頃、所属していた準体育会系のゴルフ部の朝練でランニングがありましたが、その頃は本当に走るのが嫌で嫌で……。そんな私が自らマラソンに出たいなどと思うのですから、人間、年齢とともに変貌するものだと自分でも驚きます（笑）。

マラソンに備えて、まず私は正確に2.5㎞という距離を体で覚えるために、スポーツクラブのトレッドミルで、何度もこの距離を走りました。自分のペースではだいたい15分前後とわかったので、毎朝幼稚園の送りをランニングシューズで行き、自宅までの帰り道は走って帰るようにしました。反対にお迎えの時は、自宅から幼稚園までをランニングで。走ることに限らず、子どもが小さいうちは、なかなか自分だけの時間はとりにくいもの。ですから無理なく続けるためには、こうした時間の活用がマストになってきます。

自宅から幼稚園までは2㎞弱という短い距離でしたが、それでも毎日の積み重ねはとても効き目があり、2月中旬からの2カ月間半で2.5㎞は余裕で走れるようになり、ランニングを楽しめるようになりました。

一方、子どもにランニングをさせるにあたっていちばん大切なのは、〝なぜ〟走らなければならないのかを理解させるということに尽きると言ってもいいでしょう。人には向き、不向きがあり、幼少の頃から走るのが楽しいというお子さんもいると思いますが、長距離のランニングが大好きという子どもは、やはり少数派かと思います。

わが家もまったくもって「マラソンなんてやりたくない派」だったので、どうしてわざわざ辛い思いをして走らなければならないのか、という点をよく考えて説明しました。彼の場合は、ちょうど幼稚園の運動会が秋にあり、年長は毎年運動会最大の盛り上がりをみせるクラス対抗リレーがあることがわかっていたので、苦しくても長い距離を走る練習をずっと続けていれば、体力も向上して自ずと短距離のスピードも今よりずっと速くなるからやってみようと話しました。それに走りきった後は、すごく清々しいから、その気持ちよさを一緒にぜひ味わってみよう、とも。

またちょうどその年の冬にスキーデビューをしていたので、次の冬まで走り込みを続けたら、来年はスキーがすごく上手くなって楽しいよ、と。このように多方面から、とにかくいいことがたくさんあるからやってみよう！　と誘ってみたのです。

子どももなりに納得し、最初は家のまわりを一緒に走り、だんだんと距離を延ばしていきます。あまり嫌がる時は無理せず、あくまでも目標に向かって楽しみながら努力することを覚えてくれればいいと思います。

靴に関してですが、大人は普通のスニーカーよりランニング用シューズの方が圧倒的に走りやすく、足の負担も少ないので、ぜひ専用のものを購入するのがよいと思います。でも子ども用のランニングシューズというのは、あまり見たことがありません。本人がモチベーションをもって取り組めるスニーカーで充分かと思います。

ノーザンホースパークマラソン

さて大会についてお話ししましょう。せっかく北海道まで行くのだし、日曜日開催ということで、私たちは金曜日の夜に旭川に入り、土曜日に旭山動物園に行ってから千歳に向かいました。

土曜日の夕方には、大会の前夜祭が開催されます。広いホールにたくさんの美味しいお料理がビュッフェ形式で並び、しかも立食ではなく参加者分のテーブルと椅子が用意されていて、ゆっくり食事を楽しむことができます。ファミリーでの参加も多く、パーティー中、子どものためのゲームなども用意されていて、ホスピタリティの高さには驚かされました。

楽しい夜を過ごした後、ホテル（パーク内に宿泊施設はないので、千歳市内のホテルなどを自分で予約することが必要）に戻り、ゆっくり睡眠をとった翌朝、いよいよ大会当日です。

大会会場でも、おにぎり、パン、バナナという参加者分の朝食が用意されていたことには感激！　広場での準備体操の後、いよいよ2.5kmペアランのスタートです。

ペアランのエントリー者の中でも5歳はほとんど最年少。かなり速く走るお兄ちゃん&お姉ちゃんたちもたくさんいるので、スタート直後は息子もみんなにつられて相当なペースで飛ばしてしまい、後半かなりバテバテに……。2kmあたりでは「もうダメ……歩きたい」と苦しそうでしたが、「もう少しだから。ゆっくりでいいから、最後まで頑張って走

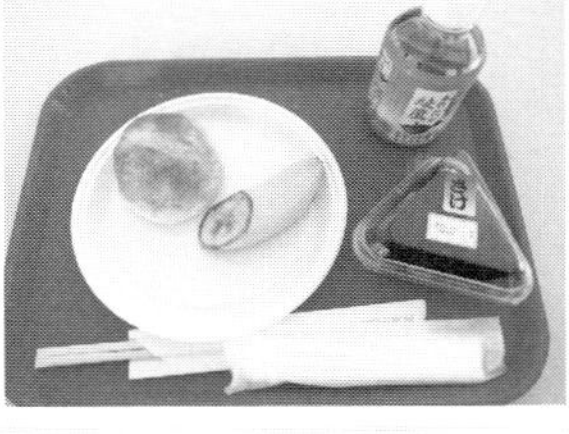

ってみよう!!」と励ましながら、ゴールまでなんとか手をつないで走りきりました!!

ゴールした後、芝生に倒れ込み、息子はしばらくは無言で放心。「頑張ったね。えらいね」と話しかけても突っ伏しているままで何の反応もなしだったので、本当に〝限界に挑戦〟だったのでしょう……。

かれこれ20、30分たってから、ようやく平常に戻り、一緒に参加したお友だちとパークで楽しく遊んでいましたが、人生最大の苦難であったことは間違いないかと思われます。

限界の先に

その後いくつかたいへんだなと思うようなシチュエーションに出会うと、「マラソンよりは楽だよね?」と息子が口にしたことが何度かあります。

私も「マラソン走れたんだから、それくらい全然大丈夫でしょう!」と言ったりもしています。

辛かったけど、負けないでやりきった、乗りきったという自負が幼い記憶の中に生きているのだと思います。達成感、自分に負けないこと、感動、自信……言葉では表現しづらい自己肯定感のようなものを育んでいくかけがえのないひとつのきっかけとなっていたら、親としてこんなに嬉しいことはないのです。

ゴールできました!

子どもと参加できるオススメの大会

子どもと走るのは本当に楽しいものなので、ノーザンホースパークマラソン以外のオススメをいくつかご紹介したいと思います。

●横田駅伝　毎年6月に開催される横田駅伝には、5〜12歳までの子どもがエントリーできる2kmの「キッズラン」があります。こちらは保護者伴走可という規定なので、年齢が上がれば子どもだけで走ることもできます。コースは普段は入れない横田基地内。フラットで走りやすく、気分はアメリカンな（笑）ホットドッグなどの飲食ブースも出店されています。何より参加賞のTシャツは思い出に残る一品！　パパかママが5kmのロードレースに出走すれば、嬉しいお揃いの記念品に。

●湘南国際マラソン　11月開催の大会で、コースはなんと西湘バイパス！　ゴールは大磯プリンスホテルなので、波の音を聞きながら走れます。「ファミリーラン・親子の部」は小学校1〜3年生までなので未就学児は参加できません。4年生以上はまた別枠なので、低学年児であっても自分たちのペースで走りやすいと思います。

●狩勝トレイルランニング　5月に北海道は十勝のサホロリゾートで開催されるトレイルラン。私も近い将来ぜひ参加したいと思っている大会です。日本三大車窓といわれた緑豊かな展望コースを走る20km、10km、4kmのコースがあり、4kmは小学生以上が参加可能です。トレイルラン、しかも4kmなのでハードルは高いのですが、舗装された道だけではないランニングの醍醐味を、いつか味わってみたいと夢見ています。サホロリゾートに、参加者限定の宿泊プランが用意されているようです。

#2

大地から得られる
本物を感じ取る力

アグリライフ倶楽部

リゾート型ガーデンファーム

息子が生まれたばかりの頃、友人から「お子さんと一緒にぜひ楽しんでほしい」と紹介されたのが、千葉県君津市にある貸し農園「アグリライフ倶楽部」▼です。子どもと一緒に体験する農作業への関心が高まっているのは、ご存じのとおりだと思います。

しかし、従来の貸し農園と言えば、土を整え、種をまき、手入れをし、収穫、とすべて自分たちで行なうもの。忙しくて行けない日々が続くと、あっという間に雑草だらけ、そして手に負えなくなり……という悪循環に陥って断念してしまったという話はよく聞きます。

アグリライフ倶楽部の特徴は、何と言っても〝ファームインストラクター〟によるフ

アグリライフ倶楽部
http://www.agrilife.co.jp/
千葉県君津市向郷1781-1
☎03-5733-1926
入会金は無料、5坪タイプの会費は月額6300円（2014年2月現在）。

ルサポートシステムでしょう。ここ数年でそういった貸し農園も増えてきたようではありますが、でも実際、仕事に子育てという忙しい日常では、頻繁に畑に通うのはまず無理。それでも子どもに土を感じさせたい、一緒に農作業を体験してみたい、そういうリクエストに応えるべく、アグリライフ倶楽部では、土づくりから苗植え、草取りなどを経験豊かなプロが指導してくれるのはもちろん、行けない時には、代わりに1年を通して30種類ほどの野菜の世話をすべてやってくれます。畑仕事のメインイベントである収穫にも行けないようであれば、美味しい時を逃さず穫って、宅配便で自宅まで送ってくれるというサービスも。

　この心強いサポート体制に支えられ、私たちも会員歴5年以上になります。

　魅力はそれだけではありません。アグリライフ倶楽部は〝リゾート型ガーデンファーム〟を謳っているだけに、週末リゾートとして楽しめる要素がたくさんあります。

　敷地内のクラブハウスには、キッチン、ダイニングがあり、穫った野菜をその場で料理できます。シャワールームも男女別々に完備されていますので、汗をかいた後もさっぱりして帰れます。ほかにもBBQ施設やピザ窯があって、野菜クッキングの楽しみも倍増！

　個人用の区画に加えて、落花生やトウモロコシなどが穫れる共有畑や、田植えと稲刈り体験ができる水田、タケノコ掘りができる竹林、カブトムシハウスやツリーハウスなどがあるキッズスペースもあるのです。

　隣にはいちご狩りが楽しめる「くるベリーファーム」▼や2家族での宿泊が可能なロッ

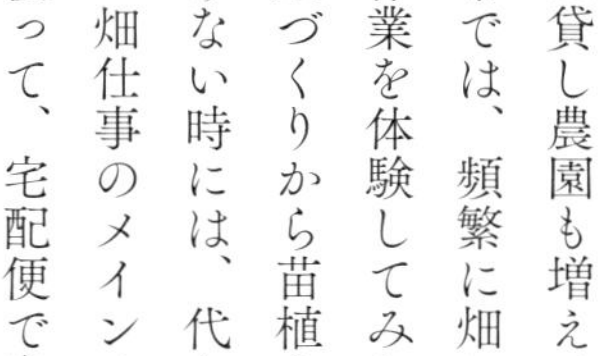

くるベリーファーム
http://kuruberry.net/
千葉県君津市向郷1792
☎0439-27-0481
ネットでの予約も可。広いハウスの中でいちごを摘むことができるほか、ジャム作りも体験できる。

ジも完備されていますから、まさにファームリゾートなのです。

気軽に、本格的に

アグリライフ倶楽部では、5坪、10坪、15坪と5坪単位で畑を借りることができ、何人かでシェアすることも可能です。

3月の苗植えから始まり、6月中旬から7月にかけて収穫できるジャガイモ、ソラマメ、スナップエンドウ、インゲン、ピーマン、ナス、ミニトマト、ズッキーニ、シシトウ、トウモロコシ、オクラ、モロヘイヤなどの春夏野菜、また9月に種まきをして、11月から1月中旬に収穫できるチンゲンサイ、カブ、ほうれん草、ブロッコリー、キャベツ、白菜、大根、ニンジン、春菊などの秋冬野菜が栽培できるので、ほぼ1年を通して土に触れながらの農作業が楽しめます。

スーパーで売られている姿や食べ方は知っていても、それが種をまいて育てるのか苗を植えるのか、どんな形の植物か、どんな花が咲くのか実がなるのか、どうやって収穫するかなど、野菜については子どもだけではなく大人も知らないことばかりで、ここに来ると驚きの連続！

私自身はやさしい薄黄色の花びらが重なったオクラの花の美しさを初めて見た時は衝撃で、以来毎年初夏の楽しみになっています。

こんなにたくさんの種類の野菜をわずか5坪で楽しめるのは、やはりプロによるフル

サポートのおかげでしょう。植付けでは、植える位置の目安がわかるように事前に土の上に紐を置いておいてくれたり、種を蒔く深さや間隔をていねいに指導してくれます。毎日の世話や雑草取り、虫取り、間引きなども完璧！

用具類もほとんどレンタルできますし、長靴や軍手など個人のものはロッカーに置いておけるので、行きはほとんど手ぶらでOKというのも気軽さを増すポイントでしょう。

自分の生活を自分でつくっているリアリティ

フルサポートで気軽と言っても、自分の体を動かしての農作業は、けっして楽ではありません。汗もかきますし、疲れます。ですが、毎回、土を触ることでしか得られない発見と気づきに溢れています。

ファームの野菜は、同じ時期に植えられ、同じように育てられても、発育はばらばら、大きさも形もさまざまです。それを目の当たりにすると、いわゆる売り物にするために廃棄されてしまった部分が、どれだけ大きいかにも驚かされます。

収穫した野菜を食べられるようにするには、泥を落とし、堅い部分を除かなければなりませんが、数カ月前に自分で植えた種や苗が育ち、食べ物になるその過程を自分の目で見ることは、スーパーで買い物をするだけではけっして得られない〝自分の生活を自分でつくっているリアリティ〟に満ちています。

数ある野菜の中で、息子の大好物は〝穫れたてニンジンの丸かじり〟ですが、土に触

れ、時間をかけて育ちを見守ってきたニンジンを自分の手で収穫し、その場でガブッと丸かじりするからこそ感じられる甘さや柔らかさ、瑞々しさは、まさに至福の味だそうです。

ファームの野菜は、自然の味、土の味、それぞれの野菜本来の甘さ、辛さ、苦さが感じられる濃い味で、これが旬の味なのだということを身をもって覚えていけるのではないかと思います。そしてその経験が、机上の勉強や本やネットからの情報からは得られない、本物のリアリティ、本物の強さを感じ取る力を育むきっかけとなることを願っています。

アグリ・エンターテインメント

畑があれば、当然、泥んこになります。ここでは、その泥んこも遊びになってしまいます。農作業するには幼すぎる1、2歳の頃の息子は、ひたすら泥で遊んでいました。泥団子作りはもちろん、空いたペットボトルなどに水を入れ、数人で一画をドロドロにして遊んだり。子どもにとって土や泥で遊ぶ、しかも青い空の下、広大な緑の敷地の中で時間を気にせず自由に、というのは格別に楽しいもの。

何かを作ったり、子ども同士でルールを決めて泥のゲーム（？）に熱中したりと、泥遊びは時間がいくらあっても足りません。

水路もまた格好の遊び場になります。細く、長く、浅い水路というのは、今や市街地

水路も遊び場に。

で見かけることはありません。くるぶしまで水につかり、草舟のレースをしたり、枝などを流してあっちとこっちで受け渡しをしたり、子どもの遊びの創造力の大きさを感じずにはいられません。

春にはオタマジャクシやカエルに、秋にはトンボやバッタに出会い、ファームで捕まえたオタマジャクシを家で育ててカエルになったということもありました。

ファームで企画される季節の楽しいイベントも見逃せません。春にはイースターのイベントがあり、外部から講師の方がいらして、卵の中身を抜いてかわいらしい色で染める本格的なイースターエッグを作る機会があります。

何より貴重だと思うのは、五月の田植え体験です。裸足で水田に入り、一列に並び苗を植え込んでいくのですが、水田の泥は、足の爪の間に入ったものがお風呂に入ってもなかなか落ちないくらい粒子が細かくて、そんなことも体験してみなければわからなかったことでしょう。

秋には稲刈り、天日干しができる日も設けられているので、両方参加すると、お米がどうやってできているのかがわかります。

夏野菜の収穫の時期には、大きな笹を用意してくれ、そこにみんなで七夕の飾り付けをしたり、またハロウィンでは、ファームで収穫した本物のカボチャを使ったジャックオランタン作りに挑戦できます。これがなかなか難しくて、それぞれ味のある顔になり、持ち帰ってキャンドルを入れると、かなりハロウィン気分が盛り上がります。

冬には餅つき大会や芋煮会など、楽しみながら季節の移り変わりを感じられ、また来

年も参加したい！ と子どもたちに大人気です。

ここ数年で施設はますます充実していて、隣接するロッジでの宿泊では、さらにリゾート感、エンターテインメント感が増すスペシャルな時間が過ごせます。アクアラインで都内まで1時間半と、日帰りに便利な交通アクセスではありますが、お泊まりはやはり格別！ 夜は、近隣の魚屋さんの手巻き寿司のセットや、カレー屋さんのエスニックディナーなどのデリバリーが可能。もちろん収穫した野菜を使っての本格鍋などが用意できるキッチンも完備で、楽しいファームの夜は更けていきます。

ファームでのランチ

収穫の時期にオススメのファームでのクッキング&ランチをご紹介します。

●生で丸かじり　いちばんの贅沢は、やはり穫れたて野菜の丸かじりでしょう。前述のニンジンはもちろん、トマトもピーマンも大根も、そしてトウモロコシもそのまま生でかじると、感動的な大地の味がして、どんな高級グルメもかなわない……と思ってしまいます。

●ニンジンの葉の天ぷら　ニンジンには驚くほどたくさん葉っぱが付いています。それをさっと洗って天ぷらにして塩で食べます。これを嫌いだと言った人は私の周りにはまだいません（笑）。

●豚バラ肉のキャベツ包み　キャベツの収穫の時期のスペシャリテ！ ビニール袋に塩、胡椒、にんにく（チューブのすりおろしにんにくでもOK）と豚バラ肉を入れ、よくもみ込んでしばらくおき、ＢＢＱコンロで焼き、穫れたてのキャベツの葉に包んで食べます。これも冬が待ち遠しくなる美味しさ！

●塩豚汁　言わずと知れた定番料理ですが、収穫した野菜をたくさん入れて作る豚汁は最高。味噌を溶かなくていいので、ファームでは塩豚汁がわが家の定番です。

#3

富士山の満月浴

宇宙の端っこに存在する自分を実感！

山登りというアクティビティ

初めて山登りをしたのは、中学の遠足だったでしょうか。私が通っていた学校は毎年春の遠足で登山をしていたので、関東近郊のいろいろな山に行きましたが、実は楽しいと思ったことは一度もなく、「なんでこんな辛いことをわざわざやるのかしら……」と遠足の朝は憂鬱な気分だった記憶があります。

さて、そんな登山嫌いの私の考えが豹変したのが富士山での満月浴。子どもと一緒に登山デビューするなら、高尾山がいちばん人気かと思いますが、わが家では、高尾山(東京都)、金時山(神奈川県)、日向山(山梨県)などは、富士山の後、子どもが「登山は楽しい！」となってから登りました。

高尾山は、さる園があったり、ケーブルカーにも乗れたり、またおみやげもの屋さんが充実していたりと、道中のお楽しみもたくさんあります。

金時山は金太郎伝説で知られる箱根の山ですが、登山口には金時神社、山頂までの道のりにはマサカリや巨石があり、頂上近くには難所の岩場があるなど変化に富んだ山。山の上には手で持って記念撮影ができるマサカリの置物もあり子どもたちに人気です。

また日向山は、小さな子どもでも比較的登りやすいコースで山頂まで辿り着くと、突如として南アルプスを見渡す視界が開け、うっとりさせられます。なぜか山頂は砂地で、それも子ども的には不思議で盛り上がります。

富士山に登る

世界遺産登録で注目を集め、登山者も倍増と言われている富士山ですが、報道されているように頂上までの登山はかなりハード。8合目を過ぎたあたりから、急に空気も薄くなって想像以上に体力を消耗します。条件によっては、高山病などで大人でもリタイアせざるを得ないこともある山なので、未就学児でも登れる山というわけではありません。山頂まで登るのは、それぞれの体力からみて無理のない時期まで待つしかないでしょう。個人的には小学校3年生ぐらいで挑戦したいと思っています。

幼児期には、夏の満月の日に宝永第一火口まで行くというプランがおすすめです。お昼頃、富士宮口5合目から登山を開始します。ちょっと早めに5合目に到着して、一時

高尾山：標高599メートル、修験道の霊山でもあった。バラエティに富む登山ルートを擁し、登山客も多い。
http://www.yamakei-online.com/takao/
http://www.tokotoko-takao.info/

金時山：箱根の北西部、標高1213メートル。どのコースで登っても、頂上付近には鎖場やロープがある。
http://hakone-hiking.sakura.ne.jp/kintoki/

日向山：標高1660メートル、山頂付近の真っ白な砂地は花崗岩が風化したもの。
http://www.yamanashi-kankou.jp/kankou/spot/p2_2225.html

間ぐらい滞在すると、高度に慣れてその後が楽になります。6合目までは大人の足で30分くらいで、道も広く、きつい坂もありません。幼稚園年少児の足でも1時間弱で到着できるでしょう。6合目の「宝永山荘▼」が本日の宿となります。そこから眺める眼前の雲海は非日常的な素晴らしさで、「富士山に登った!!」という達成感を充分に味わえるシチュエーションです。

山頂まで行く人々は8合目に宿泊することが多いので、6合目の宝永山荘は比較的予約もとりやすく、ゆっくり過ごせるのがありがたいポイント。

山小屋は、1階が売店や食堂、2階が寝室となっています。山小屋といえば雑魚寝ですが、繁忙期を外せば、広い2階のスペースを区切って家族ごとに布団を敷いてもらえます。食事は、夕食が焼き鳥丼、中華丼、牛丼、カレーなどから選べ、ボリュームもあって美味しいです。朝食は、ご飯にお味噌汁、目玉焼き、サラダ、山菜、漬け物、梅干し、海苔など。富士山の山小屋でこんなにしっかり食べられるのは驚きです。お風呂やシャワーは当然なく、歯磨きと洗顔も水を無駄にしないように細心の注意を払いますが、特筆すべきは山荘の外にあるバイオトイレ。お泊まりの時にトイレがキツいと気持ちが萎えますが、このおがくずを使ったバイオトイレは、臭くなくて清潔！ そんなわけで初の山小屋宿泊も快適に過ごせました。

ちなみに売店で売っている絵はがきを購入して、お手紙を書いて切手代と共に山荘の方に預けると、ポストに投函してくれるのですが、1週間から10日後ぐらいに富士山の消印入りで届くので、家族や友人にはもちろん自分宛てにもぜひオススメです！

宝永山荘
http://houeisansou.com/
☎0544-22-2232
6合目には宿泊施設が2つあるが
ここは宝永山側にある。80名収容。

宝永山荘の朝食。

赤い満月

満月を見るには、宝永山荘で早めの夕飯を食べ、ヘッドライトや防寒着などの装備を整えて、明るいうちに宝永第一火口に向けて出発します。宝永火口は、富士山の南東斜面に第一から第三まで三つあり、第一火口はそのいちばん上にある最大の火口なのです。山荘から子どもの足でも約30分ほど歩くと、突然、木がまったく生えていない場所に出ます。むきだしの赤茶色の土が大きくえぐれて巨大な火口の形を成している姿は、ここがかつて（1707年）、富士山の噴火史上最も激しい噴火があった地点だということをリアルに伝えています。

ここで満月の出を待ちます。だんだんと日が暮れていき、ついに雲海から満月が!! 富士山6合目で迎える満月の夜は、片側に、大きな太陽が地平線に沈んでゆく〝昼の終わり〟があり、その反対側には、大きな満月がまさに目の高さから現れる〝夜の始まり〟があるという実に幻想的な風景です。与謝蕪村の〝月は東に、日は西に〟という状況が眼前に圧倒的な迫力で広がっているのです。

やがて日が完全に沈み、あたりは闇に……ただ一つ、赤い満月を除いて。そう、富士山から仰ぐ満月は、それまで見たことのないような赤い月。そして煌々と輝く丸い月でした。子どもたちもしばし無言で見とれた後、「満月って、中にうさぎがいるんだよね?」「でもうさぎじゃなくて、海老がいるよね?」と満月談義に夢中。ふだん目にしている太陽であり、月ですが、このスケールを感じることはまずありません。自然の偉

せっかくの富士山、http://www.e-hansoku.net/ca_m.htmlなどで満月を狙って登りたい。

大さ、宇宙の不思議、そしてその中の一部である自分という存在などなど、きっとさまざまなことが心に去来したことでしょう。いずれにしても、富士山で見た満月が一生のうちで必ず見ておきたい光景であることは間違いなく、子どもの目にも記憶にも焼き付くものだったと思います。

満月浴を堪能した後は、ヘッドライトを頼りにまた山荘まで歩いて戻ります。お夜食のうどんやラーメンを食べながら、今見たものを語り合い、感動のうちに就寝です。

翌日は宝永山からのルートでの下山がオススメ。最後は森の中を通って5合目の富士宮口に戻れ、往路と違った雰囲気の山歩きになります。また前日にお願いしておけば、宝永山荘でおにぎりのお弁当を用意してくれます。

山登りグッズの揃え方

夏と言っても、びっくりするほど寒い富士山の夜。6合目であってもとても冷え込みます。7月、8月でもフリースにレインウエアは必須。天候などもよく調べ、くれぐれも無理のない計画を立ててください。秋は子どもには厳しすぎる寒さなので、夏限定のアクティビティだということもお忘れなく。

私が富士山満月浴のために揃え、その後も愛用しているものをご紹介します。

●トレッキングシューズ　スニーカーでの山登り

は衝撃で足を痛めますし、靴が破けてしまいます。ぜひ専用のトレッキングシューズを購入してください。私は「モンベル」で購入しましたが、スタッフの方が、どんな山に登るのかを聞いて最適なタイプを選んでくれます。子ども用のサイズももちろん取り揃えており、試着コーナーに小さな岩場が用意されていて、アップダウンのあるコースでのフィット感などを確かめられます。靴下もぜひ靴と一緒に買った方がいいと思います。

●アウター　防水、暴風の加工がされたレインウエアがマスト。上着だけなくパンツも揃えておくと、雨だけでなく寒さ予防としても安心です。

●Tシャツ　通常のものよりもアウトドアショップで売っている速乾性の高いものがオススメ。日中の暑い時はこれ1枚で、満月浴に行く際や冷えてきた時はやはり吸汗性、速乾性に優れた長袖のアンダーウエアに重ねます。

●ボトム　やはりアウトドアブランドから出ている動きやすく、さらに膝部分がジッパーで十分丈にも五分丈にもなるタイプにスパッツを重ねます。スパッツはサポート機能や防寒だけでなく、靴の中に砂が入るのを防いでくれます。

●帽子とサングラス　標高が高い山は紫外線も強く、実際とても眩しいことも多いので、子ども用にも用意したいもの。

●バックパック　未就学児の場合ですが、大人は中型（30～45L）ザックを用意して子どもの荷物も入れてあげた方がいいでしょう。子どもは小型リュックに、水筒、お菓子、お弁当など最低限の荷物にした方が足下もしっかりして安心かと思います。

●その他　ゴミを捨てるところはないので、必ずゴミ袋は持参します。また、富士山では不要でしたが、レジャーシートや虫除けなども通常の山登りでは用意しています。

#4 キャンプ

火を囲めば、仕事も自然と遊びに

土と共に暮らす

子どもには、たくさんの自然に触れて、遊びの中からいろいろなことを感じとってほしい。漠然とですが、そう思ってきました。けれどもそれは、ある写真家の方にお話を伺った時、確信に近いものになりました。

それはこんな話でした。

撮影でアマゾンの奥地を訪れた際のこと、厳しい自然環境の地であるにもかかわらず、子どもの泣き声が東京のそれよりも少なかったというのです。しかも都会で聞くような、自分の欲求が叶えられないためのヒステリックな泣き声にはほとんど出会わなかった、と。特に印象的だったのが、本来、子どもは病気や怪我などで肉体的に辛い時に泣くものだけど、都会の子どもたちの泣き声を聞いていると、それは、土から遠く離れ、コンクリートにとじ込められているという、人間の本能に逆らうストレスへの悲鳴のように思えると、そう彼が語った言葉でした。

「土と共に暮らすことを忘れない」、都会で生活している以上、それは不可能に近いことです。しかしながら、休日などに出来る限り土や自然に触れる環境に身を置いて過ごす時間は、子どもの身体的、情緒的な成長を促すだけでなく、大人にとっても生活の幅を拡げ、大いなる感性の刺激となる貴重なものだと思います。

いざ、キャンプ！

息子が幼稚園年少の夏に、アマゾンの話を聞かせてくれた写真家の方に誘っていただいたのが、わが家のキャンプデビューです。

キャンプにはあれこれと準備が必要。ですから初めてのキャンプは慣れた方や何度か経験のある方とご一緒するのがやはり安心ではないでしょうか。

場所もじっくり考えて、危険ではない自然のロケーションを選びたいものです。オートキャンプ場やすべてレンタルできるような便利なキャンプサイトもありますが、せっかく行くなら、そういうお手軽にすんでしまう場所ではないところで、少々苦労した方が、喜びも達成感も倍増というところでしょう。

私たちの初キャンプは、4家族で1泊2日、場所は丹沢でした。

早朝に出発して午前中に目的地に到着し、まずはテントを張るところからスタート。電気はもちろんなし、小屋どころか屋根のようなものすらない、ただ近くに川が流れている山あいの場所が、今日自分たちが寝るところ――というのが、子どもにとってはかなり衝撃的だった様子が思い出されます。

テントが張れたら、男性陣は火をおこすための流木集め、女性陣はお昼ごはんの支度です。あらかじめ薪を持っていく手もありますが、流木集めは、これから始まる2日間の生活に欠かせない火のための木を自分たちで集めるという象徴的な仕事です。けっこうハードな仕事ですが、流した汗の分だけのことはありますから、ここはパパに。不揃いの石で囲いを作り、中に流木を組んで、そこにおこした火を見つめていると、人間は道具と火を使うことを習得したために他の動物とは違う進化を遂げたという歴史が身を以て感じられます。

食事の支度に、夜の明かりに、さらに子どもが寝た後の語らいにも、火は大活躍なので、流木は最初に多めに集めておくのがキャンプ成功の鍵でしょう。

ちなみにランチは翌日も食べられるカレーがオススメ。肉体労働でお腹をすかせ、自然を満喫しながら食べるカレーは、間違えなく最高の美味しさ!!

この時一緒に行った子どもは年少から年長まで、全員幼稚園児でしたが、できる範囲で流木集めや野菜を洗ったりするのを手伝ったり、虫を捕まえたり、ほんの小さな川(ともいえないような水の通り道)に足を入れたり飛び越えたりしながら、思い思いにリラックスして過ごしていました。

キャンプごはんの定番、カレーを作る。

ふだんは公園の遊具に慣れている都会の子どもたちですが、虫、石、木、土など、自然の中にある何かしらを使って遊びを考えることも意外に得意なんだ……と、ちょっと嬉しくなりました。こんなに無心に自然と遊ぶことができるなら、もっともっとこういう機会を増やしていきたいと思わずにはいられません。それは、〝子ども力〟というか、生きる力にもつながっていく本物の自然遊びのパワーを、私が実感した瞬間でもありました。

お昼ごはんの片付けも済み、午後大活躍したのは、一家族に一つ用意していったハンモック。子ども二人で乗ってゆらゆら揺れたり、パパたちがお昼寝したりと大人気！でもハンモックに乗りたければ、まずは適当な木を探し、そこにバランスよく吊らさなければなりません。何かをしたかったり欲しかったりするのなら、自分自身で体を動かして準備するしかない。この当たりまえでありながら、日常生活ではあまり意識のいかないことに気付くにも、キャンプは素晴らしい機会でしょう。

やった！　できた!!　楽しい!!!　という極上の喜びが後に待っているので、頑張りがいもあるというものです。

夜、そして朝

暗くなる前に夕食の準備にとりかかり、火を囲みながらみんなでＢＢＱ。

食事が終わる頃には日が落ちますが、そうなると完全に暗闇！　真ん中にある焚き火

と、各自が頭につけたヘッドライトだけが頼りです。ふと空を見上げると、関東近郊でこんなにすごい満天の星があったんだ……と感激せずにはいられない夜空!!

食後のデザートには、持参したマシュマロを小枝に刺して火にかざした〝焼きマシュマロ〟が大人気でした。

子どもが眠った後は、大人だけのゆったりとした語らいの時間です。普段忙しくてなかなかゆっくり話すことのないパパ友&ママ友と、こんなシチュエーションで火を囲みながら過ごすのも忘れがたい時間です。


翌朝、明るくなって自然に目が覚め、テントの外に出てみると、これまた爽快な青空が緑の山々の上に広がっていて、朝を迎える喜びを思わず感じてしまいます。朝食はスープにパンとソーセージ、ゆで卵とコーヒーを。この時に食べたのは、キャンベルの「ニューイングランドクラムチャウダー」だったのですが、以来このスープが息子の大のお気に入り。この大自然の味わいの記憶と、スープの味が直結しているのでしょう。

朝ごはんの後は、近くの山に登ってみるのもよし、川遊びもよし、スイカ割大会で盛り上がるもよしです。

お昼には前日のカレーを食べ、なるべく後片付けを意識しながら荷物をまとめていきます。

キャンプとしてその場所にいたのは丸一日強ですが、電気やガスや水道、また携帯電話やパソコンなどから完全に隔離された一日がいかに楽しかったかは、子どもたちの輝

川遊び。

く表情からわかりました。そしてその時間は大人にとっても、まるで長い長い旅行に出たかのようなリラックスとリフレッシュの時間でした。

余談ですが、帰りに温泉施設に立ち寄ると、さらにさっぱりして、心身共に最高に気持ちいいですよ(笑)。

初キャンプのその後

キャンプデビューで、テント、マット、寝袋、タープ、椅子とテーブル、調理用具と食器、ランタンなど、今後家族だけでもキャンプができることを前提にひと通りの道具を買い揃えました。

道具が揃っていると計画や行動範囲も広がって、その後もキャンプを楽しんでいます。初キャンプがかなりの本格派で、特別感は随一ではありますが、その後、家族だけでもう少し気軽に、という時は、炭を持参して流木集めは省略する、カレーはレトルトにするなどアレンジしています。

つねに完璧を目指して負担が大きくなってしまい足が遠のくのが、いちばん残念なこと。自分たちのスケジュールや一緒に行くメンバーによって、チョイスを変えて気軽に続けていきたいと思っています。

子どもが3歳の時から始めたキャンプ、成長に応じて、長く家族で楽しめるアクティビティなのでこれからの展開も期待しています。

#5

釣り

自分で釣った「いのち」はちゃんといただく

人生を豊かにするスポーツ

フィッシングブランド「ダイワ」▼のお仕事をさせていただいていたことがご縁で、主人も私も釣りを始めたのは6年程前のことです。それまでは二人とも、子どもの頃に少しかじった程度で、大人になってからの釣り経験はありませんでした。

釣りは、よく〝人生を豊かにするスポーツ〟と言われますが、このスポーツとの出会いが、ちょうど子どもが生まれたタイミングだったことは、とても幸いなことでした。なぜなら、釣りは大人のためのマニアックな趣味と思っていた私たちのことですから、もしこの仕事がなかったら、子どもに経験させたいスポーツの選択肢に、「釣り」が上がることは、決してなかったと思えるからです。

▼ダイワのサイトでは最新ギアや釣場の案内からキャンペーンまでトータルな釣り情報を提供している。
daiwa.globeride.co.jp/

「これはぜひ子どもにやらせたい！　しかも小さい時から」と、考えるに至った理由をお話しするために、グローブライド株式会社のコーポレートスローガン「A Lifetime Sports Company」について、少しご紹介したいと思います。

このスローガンには、企業として、人生を豊かに生きるためのスポーツ「ライフタイム・スポーツ」を提案することをミッションとし、年齢も性別も、プロもアマチュアもなく、世界中の人が自然を感じ、人生を爽快な感動で満たすことをめざし、企業活動を行うというグローブライドの意志が込められています。

ちなみに、グローブライド株式会社は、「ダイワ」の他、ゴルフの「オノフ」、テニスの「プリンス」やサイクルスポーツ事業を展開しています。その策定の作業からご一緒させていただきましたが、「ライフタイム・スポーツ」というのは、まさに親として子どもに経験させたいことと重なっていて、仕事という枠を超えて、心に留め置いている言葉です。

釣りの準備

コアな釣り人にはキャッチ&リリースを指向する方もいますが、小さな子どもとの釣りは、やはり自分で釣った魚を食べるということを目的とした方が楽しめますし、釣りに馴染みやすいと思います。

東京近郊ならば、まずは初秋の東京湾内の海上の船釣りはオススメの一つです。

朝、船で出港し、目指すはアジ、サバ、そしてキスなど。事前に釣り船の予約が必要だったりしますが、ネットから、地域、釣りたい魚、または釣り船の形態（乗合いか仕立てか）など条件を入力して釣り船を検索することもできますので、自分の指向や予算と比較検討して選ぶとよいでしょう。

子どもと行く場合は、何人かで、1艘を貸しきる仕立て船を手配するのがよさそうです。海、船釣りの場合は、いかに釣れるポイントに連れていってもらえるか、船頭さんの腕に頼るところも大きいので、釣果《ちょうか》も期待できるでしょう。

そして道具。一般的にどこで何を釣るかによって、釣りのギアは細分化されていますが、最近では、ダイワの「DV1」などフリースタイルフィッシングに対応できるオールインワンタックル▼も出ていますので、目的にあったものを選ぶといいでしょう（参考までに、この商品は船釣りには不向きですが……）。

餌は疑似餌ではなく、本物の餌の方が釣りやすいようです！　ですがイソメ（一般にはゴカイ類と呼びます）といった、名前も聞いたことがなければ見るのも初めて、ビジュアル的にもかなり痺れる虫餌を自分でセットしなければなりません。

最初は親子で怖気づいていたものですが、意外に子どもの順応力は高いもの。未だにこの餌たちに慣れることのできない私を尻目に、小学生ぐらいになると、何度かやっている間に自分でささっと付けられるようになっていきます。何を釣りたいかによって、エビのようなオキアミやイカの切り身などの餌を使うこともありますのでご安心ください（笑）。

あとはライフジャケットや帽子、サングラスなどの用意を忘れずに。船に乗るとはい

オールインワンタックルとは、ルアーから投げ釣り、エサ釣りといろいろな釣りに対応するロッドとリールに仕掛けなどをセッティングしやすいジョインターなどがセットされた釣り道具。

え、滑りやすいビーチサンダルなどの靴は厳禁で、クロックスなどが適しています。

自分の食べているものはどこから来ているのか

いよいよ釣りスタート！　運がよければ、釣り開始数分で早速「釣れた！」ということも珍しくありません。逆に「なぜかまったく……」ということもあり、これが自然と生き物が相手の醍醐味でもあるので、釣れない場合でもシチュエーションを楽しむ余裕を持つのが親の役目でしょうか。

小さな子どもの場合、釣ったはいいけれど、いざ目の前に魚が来ると、ヌルヌルして気持ち悪い!!　と拒否反応を示す場合もありますが、叱ったりせず、気長に続けていくと、いつの間にか平気になっているものです。

アジを狙っている場合は、あらかじめジッパーつきの保存袋にカイワレとミョウガを入れて持参すると、船上でアジのたたきを味わうことができます。大人は思わずビールが飲みたくなり、子どもにも大好評！　船に包丁とまな板を持っていくと、陸に戻るまでに釣った魚を背開きや三枚おろしにしておけます。魚のおろし方は初心者にはちょっと難しいかもしれませんが、練習あるのみ。マスターしておけば、帰宅してからの夕食準備が格段に楽になります。

「出来た！」、「釣れた！」という喜びや達成感があるのはもちろんですが、自分で釣った魚の味はやはり格別です。釣りの日の夕食は驚くほどの食欲で、「美味しいっ!!」を

連発しています。

また海から釣り上げたぴちぴちと動く魚の姿、おろされている様子、そして調理されて夕食となったもの、とすべてを目にしますので、〝いのちをいただいているのだ〟ということを実感できる貴重な機会となるでしょう。

スーパーでパックされた切り身しか見たことのない子どもが、魚とは切り身の状態で海を泳いでいると思っていたという笑い話がありますが、自分が食べ物として口に入れているものはどこから来ているのか、ということを知るというのは、食育の大切な側面だと思います。

先ほどのアジのたたきもそうですが、わが家の息子は、カワハギなどのお刺身の味は釣りで覚えました。確か3歳の頃です。それまでフライや焼き魚は食べていましたが、お刺身は「やだ、嫌い！」の一辺倒。ですが、自分たちで釣ったカワハギのお刺身があまりに美味しく、一緒に行った同じ年齢のお友だちと抱き合って喜んでいたのをよく覚えています。

ファームで野菜嫌いを克服したように、釣りで魚の食べず嫌いと決別したというのは正直なところです。

釣れた！　ということをまず

自然相手ゆえ、坊主（まったく釣果がないこと）ということもある釣り。デビューでは、まず確実に「釣れた！」ということにプライオリティを置くというのも一つの選択肢でしょう。

そんな時に心強いのが、管理釣り場といわれるところ。たとえば山梨県都留市にある「FISH ON! 鹿留」などでは、自然の川を区切った施設に朝、マスなどの魚が放されています。仕切りがあるので魚が施設から逃げていくことなく、小さな子どもでも確実に魚を釣ることができます。人工の釣り場とはいえ、都会の釣り堀とはまったく趣きが異なり、自然のロケーションを活かしたつくりになっていますので、子どもが釣りの楽しさを味わうには充分ではないでしょうか。

さらに駐車場完備、釣り具のレンタルもあり、売店で餌の購入もできるとなれば、親も初心者の場合、かなり使い勝手がよく、釣りへのハードルが下がります。

施設によっては、食材の用意もお願いできるＢＢＱスペースも釣り場の近くに併設しているので、釣った魚をその場で焼いて……という贅沢もＯＫ！

大人としては、もっと自分の力量が試されるような、ダイナミックな釣り、デリケートな釣りをしたい、という思いも当然あるでしょうが、子どもの経験としては、あまり過酷でない状況で「釣れた！」という喜びを味わうことも次へのモチベーションとして有効ではないかと思います。

このように渓流や湖などをそのまま残して釣り場にしているところを管理釣り場という。全国の管理釣り場については、http://www.kanritsuriba.com/（管理釣り場ドットコム）、http://fishing.nifty.com/（@niftyつり）などで。
「FISH ON! 鹿留」はhttp://www.sisidome.jp/
山梨県都留市鹿留 1543
☎0554-43-0082

その他子どもと行きやすい釣りは……

子どもと一緒に楽しめる、タイプの異なる魅力的な釣りサイトをいくつかご紹介したいと思います。

①堤防海釣り施設→大黒海づり施設［横浜フィッシングピアーズ］
神奈川県横浜市鶴見区大黒ふ頭20　☎045-506-3539　http://daikoku.yokohama-fishingpiers.jp/
国内有数の堤防を有効利用した海釣りの管理施設（横浜市所有の施設）。ＢＢＱのケータリングサービス（期間限定）などもあって、一日楽しめます。

②本格的な釣り船（船宿）→浦安の釣り船［船宿 吉野屋］
千葉県浦安市猫実5丁目7-10　☎047-351-2544　http://www.funayado-yoshinoya.com/
東京湾内で有数の釣り船。レンタル釣具もあり、初心者の対応も万全。季節に応じた対象魚も豊富。仕立ての江戸前てんぷら船（釣り可）。屋形船も運営し釣り以外の利用も多い。東西線浦安駅から徒歩7～8分。

③1級河川を利用した釣り施設→奥多摩フィッシングセンター
東京都青梅市御岳2丁目333　☎0428-78-8393　http://www.okutama-fc.co.jp/
奥多摩漁業協同組合が運営。ルアー・フライ・餌釣りと釣り方も自由。団体釣場（要予約）もあって仲間同士の気楽な釣りも楽しめる。ＢＢＱサイトもあって多摩川本流の河原でアウトドア気分も満喫。対象魚はニジマス、イワナ、ヤマメ。

④湖で釣り→諏訪湖ドーム船ワカサギ釣り「民宿　みなと」
長野県岡谷市湊5丁目14－7　☎0266-23-4423　http://www.lcv.ne.jp/~mminato/
冬の風物詩ワカサギ釣り。一般的には氷上の釣りを思い描くワカサギを手軽に暖かく楽しめるのがドーム船（大型の筏状の船上にビニールハウスを組み合わせた施設）。このドーム船発祥の地・諏訪湖は関東や東海からの釣行《ちょうこう》で賑わい、観光オプションとして初心者にも人気。レンタル釣具もあり。

D．Y．F．C

「ダイワ」では、「D．Y．F．C（ダイワヤングフィッシングクラブ）」という子ども（小学1年生～中学3年生まで入会可能、3年更新で満20歳〔誕生日〕まで加入可能）に釣りの機会を提供するクラブを運営していますので、ご紹介したいと思います。

「地球を感じ、いのちと出会い、のびのび育つ」というスローガンを掲げ、地球といのちと触れあうスポーツであるフィッシングを通して、自然の豊かさといのちの大切さを体中で学んでほしいという願いを込めて活動しています。

釣りとは、自分で考え、自分で工夫し、自分で動くこと。驚きと楽しみと、また時には失敗に満ちたこの体験は、自然を通して成長していく、大切な一歩です。

子どもたちの人生において最も感性豊かな時に、ぜひこの素敵な体験をされてみてはいかがでしょうか？　詳細は http://www.daiwa-fishing.jp/DYFC/ にて。

#6

私の考えるファミリーリゾートの理想形
リゾナーレ八ヶ岳

ファミリーリゾートの理想形

「大人のためのファミリーリゾート」というコンセプトで現在、八ヶ岳、熱海、小浜島、トマムに星野リゾートが展開する「リゾナーレ」。

行ったことがあるのは八ヶ岳と熱海だけですが、八ヶ岳のリゾナーレは、年に2〜3回訪れるほどのリピーターです。なぜなら、すべての施設やアクティビティの質の高さ、サービスやスタッフのホスピタリティに関して、リゾナーレ八ヶ岳は私が思う「ファミリーリゾートの理想形」を体現しているからです。

まずは環境！　都内から車でも特急あずさでも2時間程度でありながら、八ヶ岳の自

リゾナーレについては、http://hoshinoresort.com/resortsandhotels/risonare/

星野リゾートの中でも特に豊富なアクティビティを提案するホテル・シリーズ。大自然とともに楽しく過ごすのがコンセプト。

リゾナーレ八ヶ岳
山梨県北杜市小淵沢町129-1
☎0050-3786-0055

然の恵みを堪能でき、到着した瞬間から澄んだ空気に包まれて一気にリゾート気分が盛り上がります。

そして充実のアクティビティ！「GAO」というアクティビティセンターが提案するプログラムは、四季を通じて八ヶ岳の自然を満喫できるアウトドアプログラムがいっぱい。新しい企画が頻繁に加わるうえ、定番の人気アクティビティも常にアップデートされるので、リピートしても決して飽きません。

さらに全天候型！ 何と言っても、全長60m、時間によって高さ1.2mのビッグウエーブが出現する半端でないスケールの屋内プールがあることは大きいです。浮き輪やボートなどのレンタルもありますから、水着（水着レンタルもありますが）さえ持参すれば、あとは手ぶらでOKという手軽さなのです。

このプール、雨でなくても「プール行きたい！」と子どもたちにせがまれて困るくらいです（笑）。

ほかにも室内でできるクラフトなどのラインナップもたくさんあります。陶芸、パンフラワー、はた織り、トンボ玉作り、ステンドグラス、オーブン粘土、シルバーアクセサリーなどなど、すべてチャレンジするには時間がいくらあっても足りないくらいの充実ぶりです。さらに、子ども向けの絵本も豊富に取り揃えた「ブックス＆カフェ」もあります。

様々なアクティビティ。

だから、雨が降っても全然平気。旅行の当日、運悪くお天気が……というのはよくありますから、親としては数日前から気が気ではありません。どんな天気でも安心してパワー全開で遊べるというのは、子どもとの旅では本当にありがたいことで、間違えなく高ポイントです。

それだけではありません。お食事がとっても美味しいこと！　ホテル内には、イタリアンの「OTTO SETTE」、ビュッフェ&グリルレストランの「YY grill」という二つのレストランがありますが、どちらも本当にレベルが高く、リゾナーレ八ヶ岳滞在の大きな魅力となっています。

ちなみにGAOには託児のサービスもありますので、たとえば大人だけで「OTTO SETTE」でゆっくりディナー、その間子どもはGAOのスタッフの方と夕食を食べて楽しく遊びながら過ごす、というプランも可能です。

そして、いろいろなタイプのゲストルーム！　わが家は露天風呂付のメゾネットタイプが好きなのですが、ほかにもプライベートガーデンが付いている部屋もありますし、ホテル棟にはスタンダードルーム以外にル・コルビジェやベリーニの家具で統一されているモダンな客室まで揃っています。

特筆すべきは、「ベビースイート」。土足禁止、禁煙、ミニキッチン&電子レンジ&ポット完備、さらにオムツ替えの台や知育玩具まで部屋にセットされていて、タオルも多

「OTTO SETTE」の一皿。

めという き め細やかさ!! 赤ちゃんとの初めての旅行の不安を払拭してくれる、リゾナーレならではのお部屋でしょう。

多彩な自然遊びプログラム

では具体的なアクティビティの内容を少しご紹介しましょう。

リゾナーレのある小淵沢周辺はフルーツ王国! 早春のいちご狩りに始まり、初夏のさくらんぼや桃、秋の梨、ぶどう、そしてりんご、柿……、ほぼ1年を通してフレッシュなフルーツ狩りが体験できます。

ホテルから提携の果樹園へは送迎バスが出ています。午前中にフルーツ狩り、午後にはその他のアクティビティという欲張りなプランも可能です。

期間限定ですが、自分で穫ったフルーツを使って屋外でおやつを作る「おひさまキッチン～パフェ編～」というアクティビティもあり、特製パフェにチャレンジして、その場で食べるということもできます。

この「おひさまキッチン」には「ピザ編」もあり、こちらは、リゾナーレの畑に行って季節の野菜を収穫し、予め用意されたピザ生地に各自で野菜、チーズ、ピザソースなどをのせ、GAOスタッフが鉄板やガスバーナーで熱々に焼いて仕上げてくれるというもの。息子のお友だちファミリーとこのアクティビティにご一緒した時、それまでパンが嫌いで食べようとしなかった2歳半の弟君が、自分で作ったピザを「美味しい!!」と

1枚平らげ、以来ピザ大好きに変貌したというエピソードも。楽しい体験の記憶と結びついた味覚は、すごい力を持つのだと実感した出来事です。

男女問わず子どもに人気なのは「森の空中散歩」! リゾナーレ敷地内の森に突然出現するアスレチックの数々は「空中散歩」と銘打たれているだけあって、ハーネスを装着して挑戦するというもの。森の樹々を使った地上5mくらいのところに設置されたアスレチックで、これが結構恐いのです。

細い丸太橋の、ところどころ板が抜けていて地面が見える足元を、脇のロープを頼りに一歩一歩踏みしめて進むなど、私は完全にビビって足がすくんでしまいました(笑)。それなのに息子もお友だちもスイスイ進んで行くばかりか、終わった瞬間「もう1回やりたい!」。

小学生になると、リゾナーレの森の中でマウンテンバイクに挑戦できるプログラムに参加できます。GAOのスタッフに基本を教えてもらい、八ヶ岳の森を爽快にツーリング。都会ではできない経験に満面の笑みがこぼれます。

ほかにも、親子でパラグライダー、乗馬体験、夏には「南アルプスの天然水」で名高い尾白川での清流遊びなど、多彩なプログラムが目白押し。

たとえば清流遊びは、未就学児ファミリー向けのおだやかなエリアで過ごすコース、小学生ファミリー向けのアグレッシブなコースと、子どもの年齢に合わせて選ぶことが

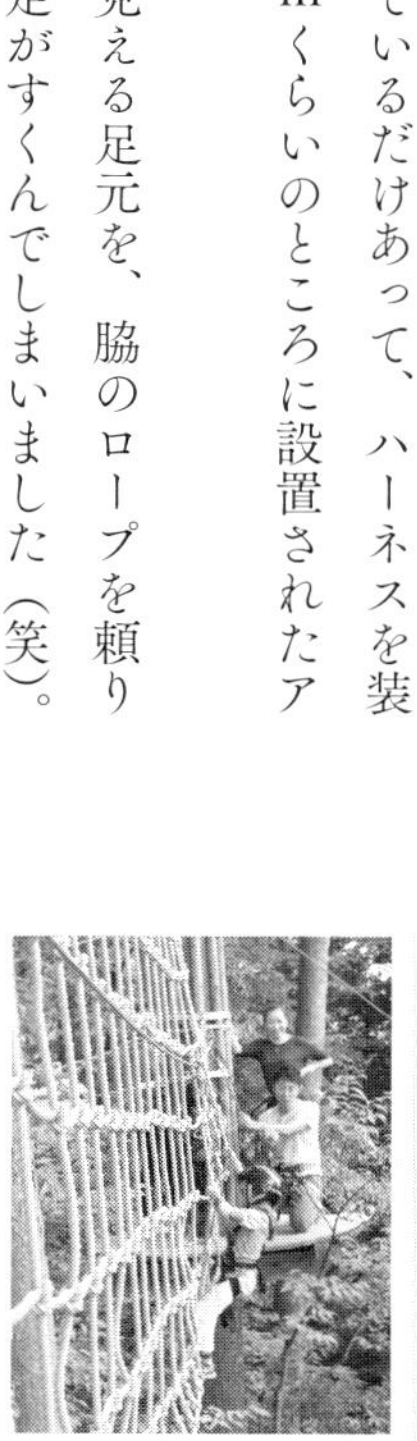

できるのも嬉しい配慮です。

秋には全館あげての一大企画「ハロウィンパレード」が11月第1週までの毎週末開催。毎年異なる趣向で大人も巻き込むパワーにはいつも脱帽してしまいます。

冬はスキー&スノーボード

冬も楽しめます。リゾナーレ八ヶ岳では、スキー&スノーボード、そしてウエアも、大人用子ども用各種サイズも取り揃え、無料レンタルのサービスがあります。近くに二つのスキー場▼があり、ホテルからの送迎バスも頻繁に出ています。それぞれのスキー場でもレッスンを申し込めますが、GAOスタッフが教えてくれるレッスンもあって、教え方もとっても上手！ 実は主人も私もスノーボーダーで、スキーは十年来やっていなかったのですが、幼児はやはりスキーからスタートするのが基本、ということで、息子のスキーはGAOの方に教えていただきました。その間、私たちは見よう見まねでスキーにトライしたり、スノーボードを楽しんだりと、思いがけず大人の時間を過ごすことができました。子どもが楽しんでいるのは基本ですが、大人も自分たちの時間を随所で持てるというのも、リゾナーレが魅力的だと思う理由の一つです。

富士見パノラマスキーリゾート：ゴンドラで山頂まで行くと長い距離の滑走が楽しめる、スキー、スノーボードの両方滑走可能なゲレンデ。ソリ専用のキッズパークもあり、幼児が遊べる室内スペースもある。
富士見高原スキー場：大人には小さいが、初心者の子どもの練習には充分の、スキー専用ゲレンデ。

リゾナーレ熱海

2012年、熱海の元有名旅館をリノベーションして「リゾナーレ熱海」がオープンしました。

こちらにはまだ1度しか訪れていませんが、八ヶ岳同様、素敵な宿です。

館内にクライミングウォールやボールプール、シェフの帽子と洋服を着て夕食のデザートを自分で作れるキッズシェフ、温水の室内プールなどの設備を備え、また屋外では、熱海という土地を生かして定置網漁やみかん狩りなどのアクティビティが用意されています。

私が感動したのは茶摘み体験！　なんと全員かすりの着物に着替えて、茶葉を摘むというコスプレ付きで、おおいに盛り上がりました。

自然を生かしたダイナミックなアクティビティなら八ヶ岳に軍配が上がりますが、赤ちゃんや小さなお子さんがいらっしゃるなら、熱海の近さやホテル内で安心に遊べる感じは大きな魅力です。熱海には新幹線で行きましたが、乗ったと思ったらもう到着！　そこから車ですぐ、というアクセスのよさは、まさに子連れ旅行のストレスフリー。

スタッフの方に伺いましたら、まだオープンしたばかりなので、今後、熱海ならではの楽しいプログラムをたくさん開発していきたいとおっしゃっていましたので、乞うご期待ですね。

http://risonare-atami.com/

#7

さっぽろ雪まつり

極寒とダイナミックな雪遊びを楽しむ正しい冬の過ごし方

百聞は一見にしかず

百聞は一見にしかず！　あまりにも有名な「さっぽろ雪まつり」▼。毎年、冬の風物詩としてテレビなどがその様子を伝えていますので、この有名なイベントのことは知っていましたが、実際に訪れたのは子どもが5歳の時でした。

札幌の真ん中、西1丁目から12丁目まで走る大通公園に設置されたタージ・マハルや故宮博物館、会津若松の鶴ヶ城といった氷の彫刻のスケールには目を見張り、息子も「わ、すごい……」と圧倒されていました。

こんなに大きなものをいったいどうやって作っているのだろう……とその方法をあれこれ想像したり、特徴をとらえた話題のスポーツ選手やキャラクターの像を見て、「似

▼さっぽろ雪まつりの公式サイトはhttp://www.snowfes.com/
毎年2月の上旬から中旬にかけて開催される。氷点下になるので準備は万端に。

てる！　似てる！」と盛り上がったり。雪像を見ながら真っ白な大通公園をそぞろ歩きするのの楽しいこと。

雪像の合間にはプロ仕様のスノーボード用ジャンプ台が設置されていて、大勢の観光客が集まる街中での大ジャンプに驚き、屋台で売られる「じゃがバター」や「鶏サンギ」などの北のB級グルメも堪能し、お祭りはやはり見るものではなく参加するもの！と実感しました。

寒さもまた半端ではなく、ヒートテックを着込んだ上にダウンのロングコート、スノーブーツにマフラー、手袋と完全防備で臨んだものの、それでも足りず、「耳が切れそう……」と、ドン・キホーテに駆け込んで耳当てを購入したというのもよい思い出。

北海道にはスノーボードをするために何度も来ていたので、寒さには慣れていると錯覚していましたが、スノースポーツで体を動かしているのと、日常生活としての寒さを体感するのはまったく違うこともリアルにわかりました。

けれども、真冬の北海道に「さっぽろ雪まつり」を訪れたのなら、第2会場がある「つどーむ」に足を運ばない手はありません。いや、子どもと一緒なら、絶対に「つどーむ」会場にこそ足を延ばすべきでしょう！

「つどーむ」って何？

えっ？「つどーむ」って？　みなさんそう思われるでしょう。

「つどーむ」とは、札幌市スポーツ交流施設コミュニティドームのことです。▼

ひと口に「さっぽろ雪まつり」と言いますが、実際には三つの会場からなっているそうです。

「大通会場」がテレビなどで紹介される「雪まつり」。多くの人が「雪まつり」と言われて想像する迫力の大雪氷像の数々が並ぶのがここです。

「すすきの会場」は、大雪像というよりは、繊細な細工が印象的な氷像や、毛蟹や鮭などを埋めこんだ氷の彫刻などの作品が展示されている会場です。

そして「つどーむ会場」は、大通会場のある市中心部から地下鉄かシャトルバスで30分程のところに位置する一大スノーパーク。市街から少し離れるため、認知度はやや低いのですが、子どもたちの間では、つどーむ目当てのリピータも続出するほどの人気ぶり。さて、その会場に急ぎましょう。

竹スキー

ゲレンデでのスキーやスノーボードはおなじみの子どもたちですが、大量の雪の中でひたすら遊ぶという経験は、なかなか得難いものではないでしょうか。

私も子どもの頃は、たまに大雪が降ると嬉しくて嬉しくて、寒さなどそっちのけで外で雪だるまや雪合戦に興じていたのをよく覚えていますが、近年では温暖化の影響か、

▼「つどーむ」に行くには、地下鉄東豊線栄町より徒歩8分、シャトルバスは札幌駅、地下鉄栄駅、大通西4丁目会場(北側、郵便局前)ほか市内各所から。詳しくは公式サイト参照。

東京近郊では雪の降る日も降雪量も減っているので、息子たちも山のような雪で遊んだことはほとんどありません。

子どもにとって雪遊びは、いくつになっても忘れられない楽しい記憶の一つ。ぜひ体験してほしいな、と冬が来るたびに思っていましたので、つどーむ会場を訪れた時は、「これだー！」と興奮してしまいました。

ドームの周囲にひろがる広ーい雪原には、巨大な雪だるまやさまざまな雪遊びが用意されています。


息子とお友だちが、いちばんはまっていたのが「竹スキー」。

文字通り竹を使ったスキーですが、まずは制作体験から始まるプログラムです。茹でて柔らかくした30㎝ほどの竹の板が一人一人に渡されます。まだ熱さの残るその板を木の工具台で挟み、渾身の力を込めて曲げていきます。先がスキー板の形になったら雪をかけて冷やして固め、大人が開けてくれた穴に紐を通したら、20～30分くらいでマイ竹スキーのできあがりです。

完成した竹スキーの上に乗ってさっそく専用斜面を滑ります。しかしこれが難度超高し！　竹と足は固定されていないうえ、スピードと方向をコントロールするのは板についた紐で、さらに斜面は踏み固められてアイスバーンのようになっていてツルツル……。大人でも「ちょっと無理？」というくらいの難しさですから、当然子どもたちは転んでばかり。相当痛いはずなのに、練習しては他のところに遊びに行き、また戻り……を繰

竹スキー。

り返し、何度もチャレンジした結果、一日の終わりには、ちょっとだけ滑れるようになっていました。

滑ることが楽しいのは当然でしょうが、あの堅い竹が自分の力で曲がり、しかもそれがスキー板という遊び道具になった！　という驚きと感動が、この集中力と気合いのベースとなっていたのは想像に難くありません。

履きやすく滑りやすい最新のスキーギアに慣れている息子が、こんなに素朴なスキーにはまるとは予想していませんでしたが、〝発見〟と〝チャレンジ〟という要素が、子どもに与えるインパクトの大きさに改めて驚かされました。

スリルも寒さも満点！

広い会場には、そのほかにも楽しいアクティビティがたくさんあります。長さ100ｍのチューブスライダーやソリで滑り降りる氷のスライダーは大迫力！

幼児も安心して楽める、お尻で滑る氷の滑り台もあります。

スノーモービルでラフティング用のボートを引っ張って疾走するスノーラフトは、最初は笑顔、途中から吹き付ける寒風と雪で、まったく目を開けてはいられないという過酷な遊び。

つどーむでありがたかったのは、会場にあるドームの中が屋内会場になっていることです。

氷のスライダー。

雪遊びをとことん楽しむつどーむ会場ですが、アクティビティは屋外にありますので、ちょっと寒さから逃れたい時や、ひと休みしたい時、小さなお子さんがいる場合には、とても助かります。ドーム内には、ステージが設置され、キャラクターによるショーを座って観ることができるほか、ふわふわ滑り台やミニ新幹線や飛行機コーナーといった遊具なども設置されています。

ラーメンや丼物など、食べ物の屋台もたくさんあって、休憩用の椅子とテーブルも数が揃っています。

その地でしか感じられない、〝耳がちぎれそうに寒い〟という体験も、雪まつりの楽しみに加えて、ぜひ体験してほしいことの一つです。

新千歳空港の楽しみ

北海道旅行の楽しみは、帰りの新千歳空港まで続きます。

●ドラえもん わくわくスカイパーク 「どこでもドア」やドラえもんの秘密道具をテーマにしたアトラクションが楽しめる空港施設内の体験型パーク。アトラクションだけでもけっこう時間がかかりますが、工作などができるスペースもあり、堪能しようと思ったら2時間ぐらいは必要な、かなりがっちり遊べてしまう施設です。

●シュタイフ ネイチャーワールド　こちらは世界で初めてテディベアを制作したシュタイフ社公認のミュージアム。テディベアだけでなく、触れたり乗ったりできるゾウやキリンなどの動物コーナーもあり、ワークショップも実施しています。こちらも行こうと思うなら、ちゃんと空港での時間を確保して向かった方が、乗り遅れる！とハラハラしなくて無難。

●カルビープラス　揚げたてのポテトチップスや人気の「じゃがりこ」から生まれたホットスナック「ポテりこ」など、止められない止まらないスナックが味わえます。

●北菓楼　生菓子ゆえお取り寄せできない「夢不思議」という、あまりにも美味しいシュークリームは私の必買スイーツ。イートインコーナー併設で、その場で新千歳空港限定のカップシューやソフトクリームがいただけます。

●morimoto　ふわふわのスポンジと、とろとろのカスタード&生クリームがたまらない美味しさの「ゆきむしスフレ」も、同じく必買スイーツです。こちらは、イートインはありませんので帰宅してからのお楽しみにどうぞ……。

新千歳空港のさらに詳しい情報は、http://fleur.new-chitose-airport.jp/ja/ で。

高知でホエールウォッチング

＃8

命の偉大さと雄大さを感じる 間近で見るクジラに

高知でクジラが！

「高知でホエールウォッチングができるので、行ってみよう！」高知の旅のきっかけは、息子のお友だちファミリーに誘われたことでした。

ホエールウォッチングと言えば、以前ハワイで体験したことがありましたが、その時の印象は実はイマイチ。大型船に乗り込んで、ハワイの美しい海をクルーズしたところまではいいのですが、「もしかして、あれがクジラかな？」という程度にしか見えなかったのです。だから、この高知への旅が企画された当初は、クジラがそんなに見えるとは思わないけれど、お友だちとの夏の楽しい企画としてはいいかも！　というのが正直なところでした。

ところが!!

これが予想を遥かに超える、あまりにも感動的なクジラとの出会いだったのです！

高知県の観光情報サイト「よさこいネット▼」では、「ホエールウォッチングin桂浜」というページが見つかります。

桂浜は、よさこい節で「月の名所は桂浜」とも謳われている名勝で、桂浜公園や坂本龍馬像などでも有名。JR高知駅からほど近い桂浜の港から、ホエールウォッチングの船は出航します。

乗船場所に行ってみると、「これ?!」と拍子抜けするほどの小型船……。後から納得するのですが、小型だからこそ、クジラやイルカに接近できるのです。

私たちは4家族だったので1艘貸し切り。聞けば定員は15人（小学校6年生までは2人で1人計算）だそう。

しかしこの船、小型ながらスピードは出ます！　速いので風もバンバン顔に受けます！　しかもクジラを見るにはかなり沖の方まで出なければならないので、片道90分ぐらいの道のりの間、それが続きます!!

乗船したのは7月中旬の真夏日でしたが、上着を持ってくればよかった……と後悔する肌寒さ。そして酔い止めを飲んできてよかった……と若干船酔いも心配な気配。何事も備えあれば憂いなし。船の旅は甘く見ないに限ります。

船員の方が、何か見えたら必ず声を掛けるので、無理せず寝ていてくださいねと言うほど、道中の後半は「長い……これで何にも見えなかったらどうしよう、過酷なだけじ

▼よさこいネットはhttp://www.attaka.or.jp/。
ホエールウォッチング in 桂浜
☎090-9774-2882
http://www.kujira28.com/
高知市桂浜から車で1、2分、徒歩10分の浦戸湾内から出航。船は1日1～2回出発。

ゃないかーーーー!!!」という思いが頭をよぎらないではなかったです（笑）。

しかし！

ちょうど出航から90分ぐらい経った時、突如としてイルカの群れに遭遇!! しかも軽く100頭ほど!! イルカはそれまで水族館などで何度も見ていますし、ジャンプする姿も知っていましたが、あんなにも広大な海原を、たくさんの群れで、速く、高く、力強く躍動しているのに出会ったのは初めてです。その自然ならではの姿には、心から「すごい……」と、感嘆せずにはいられません。子どもにも、水族館での姿ではなく、地球に輝くいのちの姿を見せることができて、本当によかったと思います。ここでもう、それまで過酷さに萎えていた気分は吹き飛びます。

イルカの群れを見送って間もなく、いよいよ本命のクジラ登場！

土佐湾で見られるクジラはニタリクジラという種類だそう。そのニタリクジラが、なんと船から5mほどのところを泳いでいるではありませんか！

船の少し高いところから見ているスタッフの方が、「右1時の方向、5m、3m、2m！」、「今度は左10時、近いですよ、もう3m！」と、海中を泳いでいるクジラが、次にどのあたりに姿を現すかを的確に教えてくれるので、心構えができ、小さな子どもでも見逃す心配がありません。

大きい……近い……威風堂々……悠然……

イルカの群れとはまた違った、圧倒的なクジラの姿にもまた畏敬の念を感じてしまい

ます。

海の生き物のこと、海の不思議、そこから連想は幾重にもつながり、果ては地球と生命の誕生にまで、このダイナミックな光景との出会いから広がる興味は数えきれません！

日本でこんなすごいものが見られるなんて、まったく想像していませんでした。クジラを見るなら、ハワイに行く必要なんてなくて、高知の方が断然インパクト大！

ホエールウォッチングin桂浜は、4月から10月に実施されていますが、子ども連れには、やはりあらゆる意味でコンディションのよい7〜8月がベストでしょう。

四万十楽舎

高知は広いのです。ホエールウォッチングの他にも、高知城や日曜市、のいち動物公園など、市内に楽しいことがたくさん！

さらに四万十川流域まで足を伸ばせば、自然遊びが満喫できる「四万十楽舎」があります。

四万十楽舎は、1988年に閉校した中半小学校の校舎を活用した体験型宿泊施設。四万十川流域の豊かな自然を活かした環境教育、地域交流・活性化を目的として1999年に設立されたそうです。〝泊まって遊ぶ学校！〟と銘打たれているだけあって、校舎の教室に泊まるプランや里小屋に泊まるプランなど宿泊のバリエーションも豊富。

アクティビティも魅力的なものが並んでいます。筏を自分たちで作って川で遊ぶ「川ガキコース」をはじめ、カヌーツーリング、川猟師体験、沢歩き、沢登りなどの「川のプログラム」。

高い時は十数メートルまでの木登りをするツリーイングや、八面山の登山などの「森のプログラム」。

星空楽校、ホタル狩り、鳥獣ウォッチングなどの「夜のプログラム」。

そして、餅つき体験やまきまきパン作りの「食のプログラム」などなど、昔はいたるところに自然があって、川の近くではこういう遊びをしていたんだろうなと思えるプログラムがたくさんありますので、ぜひホームページなどでチェックしてみてください。

ちなみに、私たちは宿泊せずに高知市内からの日帰りの計画で訪れましたが、これはかなり無謀だったことをお伝えしておきます（笑）。

http://www.gakusya.info/

#9

下田海中水族館

スペシャルサプライズならここ！ ふれあいプログラムも充実

サプライズ!!

数ある水族館の中で、下田海中水族館が私にとって特別である理由は、「サプライズ」企画の存在です。

期間限定の企画なので、いつも実施しているわけではありませんが、私が申し込んだのも体験した友人に教えてもらった翌年なので、ぜひみなさんもホームページ等をマメにチェックなさってみてください。

さて、この「サプライズ」とは？

下田海中水族館では、週末にイルカのショーを実施しているのですが、水族館がこの「サプライズ」企画を実施している期間は、ショーの観客の中から、事前に申し込んで

下田海中水族館
http://shimoda-aquarium.com/
静岡県下田市3-22-31
☎0558-22-3567
イルカによる「サプライズ」（「あなたにサプライズ」）は一日一回、利用料金1000円。電話での予約は行っていないので、申し込みはホームページから。

いるたった一人が、ステージに上がって、イルカのトレーナー体験ができるのです。それだけではありません。ショー終盤には、なんとイルカからプレゼントを手渡しされるというサプライズが!!

ホームページから申し込むのは親や友人（子ども限定のショーではないので、大人もステージに上がれます）で、プレゼントを贈りたい相手を告げます。そして当日ショーを行っているプロのトレーナーに、その人の名前をコールしてもらい、ステージへ招かれるというシステム。ですから、申し込みをした本人が贈る相手に知らせない限り、当人はイルカのショーを観ていたら、突然、自分の名前をアナウンスされて、ステージに上げられて……というまさにサプライズが待っているというわけです。

このサプライズに申し込むためには、イルカが運ぶプレゼントが何かのお祝いでなければいけません。当人がステージに上がってプレゼントを受け取る際、「実は○○さん、今日は△△のお祝いで……」と説明があり、観客全員でそのお祝いをするという流れになっています。

息子が体験したのは、ちょうど5月から6月にかけての実施時期。お誕生日は1月、入園も入学も卒園も関係ない年で、進級というには、とうに4月は過ぎていて、一瞬どうしようかと思いました。

でも、この機会を逃したら、次はいつこの企画が登場するかわからない……と考え直し、直近の絵画コンクールで絵が入選したお祝いで、ということに決めました。

入選だけでも嬉しいのに、その上さらにこんなサプライズが待っていて、人生初入選のよい記念になったと思います。

ドキドキと度胸

さて、下田海中水族館に行く当日、息子には知られないようにイルカが渡してくれるプレゼントを荷物に忍ばせ、受付でそれを託しました。

何にも言わずイルカのショーを観にいき、登場したトレーナーとイルカに拍手をしていると、「今日はお客様の中で私たちと一緒にイルカにいろいろな指示を出してくれる方がいらっしゃいます」との声。続いて息子の名前が呼ばれ、「どうぞステージへ」と言われた時の彼の驚愕の表情は、私もきっと忘れることはないでしょう。

「えええええーーー！！！　なんで僕なのーーーーー！！！」と、本当にびっくりし、ドキドキしながらステージに行き、年齢などを聞かれつつ、イルカへの指示の仕方を教わってその通りにやってみると、イルカが息子の手の動きに合わせてジャンプしたり、立ち泳ぎしたり、クルクルまわったりと、まさに立派なトレーナーぶりを披露！　お客様からもたくさんの拍手をいただきます。

最初はとまどいと緊張に固まっていた表情も、次第に驚きと喜びの入り交じった笑顔に変わっていきます。

ひとしきりショーが終わると、いよいよサプライズ！

素晴らしいイルカショー。

トレーナーのお姉さんが「実は○○くん、先日行われた絵画コンクールで入選したそうです。今日はそのお祝いにとご両親が用意したプレゼントを、これからイルカが届けます」と、観客のみなさんに説明をします。すると、隣のプールから、イルカが鼻の先で防水箱を押しながら泳いでこちらに向かって来ます。

どうやって渡すのかしら？　と固唾をのんで見守っていると、なんとその箱をヒレの間にはさんで持ち上げ、立ち泳ぎをして息子に渡すではありませんか。自分がイルカから手渡し（？）でプレゼントをもらうなんて、いったい誰が想像するでしょう？

会場の温かい拍手に包まれ、お姉さんの「○○くん、おめでとうございます。このプレゼントを贈ってくださったお父様とお母様に一言」とインタビューしてくれたのですが、さすがに絶句してしどろもどろの答えしかできなかったです（笑）。

拍手に送られて席に戻ってきても興奮は醒めず、予想だにしなかった「サプライズ！」な体験に、嬉しい、楽しい、恥ずかしい、すごいことやっちゃったなどなど、いっぺんには処理しきれない感情が体を駆け巡っているのが見て取れました。

日常ではあり得ない特別感をイルカと一緒に味わうこの体験が、どんなことにつながっていくのかはわかりません。でもたくさんの驚きとたくさんの感動の引き出しを、記憶の中に持っていてほしいという願う気持ちがあります。そして、ドキドキしながらも大勢の人の前に立って何かをやるという経験も、人前に立つ度胸を育てる一端を担ってくれているといいなと思っています。

アザラシの餌やりも

「サプライズ」だけで終わらないのが下田海中水族館のすごいところ。

アザラシの餌やりも土日祝日、一日一組限定のスペシャル企画です。

この餌やりのすごいところは、アザラシのマックスとピアの至近距離から餌を直接あげられること。バケツいっぱいのイワシを一匹ずつ素手で摑み、最初は近くに置いたのを食べてもらい、徐々に手から直接食べてもらえるようになります。

これは私も一緒に体験しました。アザラシは意外に大きいので、噛まれたらどうしようとちょっと腰が引けてしまいましたが、息子の方が落ち着いて楽しんでいました。子どもの方が先入観も恐怖心もないんだなと再認識させられた思い出です。

あれから2年近く経った現在でも、息子の中にマックスとピアの面影は健在。あの時あげたお魚はイワシだったというのも、ちゃんと覚えています。

イルカとの触れあい

「サプライズ」の感激が薄れるので、私たちは体験しませんでしたが、本来下田海中水族館はイルカとの触れあいのアクティビティが人気の水族館。自然の入り江をそのまま利用した「ふれあいの海」では、バンドウイルカたちがのびのびと暮らしています。

ウェットスーツを着用して深いとこまで行ってイルカと触れあう「うきうきドルフィ

ン」、波打ち際で一緒に遊べる「ドルフィンビーチ」、また自分は濡れないで餌をあげたり、ジャンプなどの合図を出せる「ドルフィンフィーディング」など、多彩なプログラムが揃っています。

海外でイルカと触れあうなら

イルカと触れあうプログラムは海外でも人気です。私のオススメは、ハワイ・オアフ島はカハラにあるホテル「ザ・カハラ」で体験できる「ドルフィン・クエスト」。

年齢に応じてさまざまなコースがあり、1歳からイルカに触れあうことができます。

息子が1歳でトライしたのが「Wee, Family, Fins and Fun」というコース。15分という短い時間ですが、イルカが目の前にジャンプで上がってきてくれたり、餌をあげたり、なでたりと盛りだくさん。

ちなみに息子はずっとフリーズ！　イルカを見たのも初めてなら、こんな大きな生き物に触れたこともなく、処理できる情報量の限界を超えているか……という感じでした。

もう少し大きくなったら、5人までなら一つのグループでイルカと泳げる「Family Swim Program」や、親子2人で1匹のイルカと一緒に泳ぐ「Dolphin Duo」など、内容の希望や所要時間によってたくさんの選択肢があります。ホテルのホームページのアクティビティでご確認ください。

http://jp.kahalaresort.com/

#10 劇団四季『ライオンキング』

#10

日本版とのちょっとした違いも見逃さなかったブロードウェイでの観劇

#10

6回目

5回目

#10

ブロードウェイ

#10

特製バースデーケーキ

#12 ピアノ

#12

音楽大好き。トランペットやチェロは宝物。5歳で迎えたピアノの発表会は、一世一代の大舞台

#13

#13

#13

#13 絵画教室

自由に楽しく描いている絵。ブリヂストンこどもエコ絵画コンクール入選の「親子キリン」（上右）、全日本学生美術展推奨の「黄色いおじさん」（上中）、5歳の時の「自画像」（上左）、6歳の時の「虎」（中）。

#14 YMCA

#14

スキーキャンプ

#14

大好きなリーダー

楽しいプールサマースクール。
お友達もたくさん

#15

#15

#15 Nanbo Discovery Camp

屋内外でのアクティビティが盛りだくさんのプログラム。毎日数多くの写真が保護者サイトにアップされるので、初めての英語環境でも楽しそうな子どもの表情を見ることができて安心

#15

#15

クッキングも

#15

日記タイム

#15

#15

キャンプファイヤー

#15

メイン会場のひとつ屋外コンサートホール。この他にも草原のような
場所に突如舞台が出現したりとロケーションも楽しめます

#16 フロロヴァンスの旅

小曽根真さんたちと

#16

美食のオーベルジュ

#16

ホールに隣接する公園で、休憩時間にピクニック。音楽を、人生を
楽しむ姿が素敵でした

#16

フランスの最も美しい村の
ひとつ、絶景のゴルド

#16

#16

アヴィニョン

#16

#16

ニース郊外、サンジャネのシャンブルドット。オーナー夫妻が山を切り開いて建てた手づくりの宿は、環境やエコロジー、持続可能な新しい生き方について考えさせられる

#16

子やぎと

#16

#16

バスルーム

#17

動くリゾートホテルのような
「ディズニー・ワンダー号」

#17 ディズニー・クルーズライン

カリブ海に浮かぶディズニー
のプライベートアイランド、
キャスタウェイ・ケイ

ヌーの大群、アンテロープに襲いかかるワニ、日々出会う
サバンナの光景には一つとして同じものはありません

#18 ムパタ・サファリ・クラブ

#18

8歳から参加できるバルーン
サファリ

#18

ムパタの客室

#18

超小型機

#18

#18

マサイ族の村訪問やマサイの女性から教わるビーズアクセ
サリー作り、ほかにも民族楽器シリリ作りや、近隣の湖で
のフィッシングまでムパタのアクティビティは多彩

#18

獲物のヌーに食らいつくライオン。リアル・ライオンキングの世界で体感するのは、まさに「生命の連環」

#19　タヒチ　ボラボラ島

#19

サメのまっただ中をシュノーケルで泳ぐシャークフィーディングは超興奮！

#19

#19

どこまでも碧い海

#19

エイともふれあい

#20 バレンシアの火祭り

#20

町中いたるところに設置されたファヤ。左上は献花でできた聖母マリア像。民族衣装に身を包んだ人々のパレードもあり、すごい盛り上がり。でも一夜にして全てのファヤを焼いてしまうのです

#20

パエリアもさまざま

#20

#20

スペインは美味しい！　祭りの期間に売られる揚げドーナツ「ブニュエロ」。これをホットチョコレートに浸して食べるのがバレンシア流！

第二章

集中体験！感性を磨くプログラム

#10

劇団四季『ライオンキング』

圧倒的迫力で心を揺さぶる舞台は新しい興味への扉を開く

ミュージカルデビュー

劇団四季の『ライオンキング』を初めて鑑賞したのは、息子が2歳になって間もない時期でした。私自身は8歳の時に母に連れられて宝塚歌劇を観たのが初の生舞台観劇で、その華やかさと美しさと煌めきに圧倒されて以来、今日まで大の宝塚ファンですが、2歳の頃にはまだミュージカルという世界があることすら知りませんでした。

息子のミュージカル観劇デビューのきっかけは、劇団四季のサポーターの会「四季の会」にも入っている劇団四季通のママ友のお誘いでした。息子さんの2歳の誕生日のお祝いに、家族で『ライオンキング』を観に行ったところ、ちょっと怖がっていた場面もあったけれども、最後まで席を立つことも騒ぐこともなく観劇していたとのこと。それ

劇団四季『ライオンキング』
http://www.shiki.jp/applause/lionking/

から半年たち、もう1回観たいとそのお子さんも言っているので、よかったら一緒にぜひ、と誘っていただいたのです。

それまで息子の舞台鑑賞歴と言えば、『おかあさんといっしょ』コンサートや、クラシックの『0歳からのコンサート』くらい。テレビで親しんでいるお兄さんやお姉さんが目の前で歌って踊ってくれたり、上演も1時間程度と短かかったので、おおいに盛り上がっていましたが、『ライオンキング』は休憩をはさんで約3時間。しかも観客を0歳からの子どもに想定しているものでもありません。内心、大丈夫かしら……と若干の不安もありましたが、泣いたりうるさかったりしたら、すぐに外に出ようと通路側の席をとって当日に臨みました。

ところが……! 1幕目をものすごい集中力で見続け、休憩に入った瞬間「『ライオンキング』、楽しかった!!」

2幕目はさすがに体力が続かず、途中ウトウトとしていましたが、最後のクライマックスでは起きて、ずっと拍手をしていました。

さらに家に帰るとすぐ、「シンバ」と言ってライオンの絵を描き始めました。当時の息子はお絵描き嫌い。自分から描くということはほとんどなかったので、びっくり!! 自分が心の底から〝好き〟になれるものに出会うことは本当に大切なのですね。そしてそこから湧き出してくる子どもの興味の力に私自身が感嘆したのが、この『ライオンキング』を通してなのでした。

四季劇場〈春〉で。

ストーリーとみどころ

改めて説明するまでもないかもしれませんが、『ライオンキング』のストーリーと歴史に触れておきましょう。

この作品は、世界的に大ヒットしたディズニー映画『ライオンキング』をベースに、舞台芸術家ジュリー・テイモアによってミュージカルに仕立てられたもので、1997年にニューヨーク・ブロードウェイで初演されました。このミュージカルも空前の大ヒットとなり、翌年トニー賞の最優秀ミュージカル賞、最優秀演出賞、振付賞ほか6部門を受賞し、劇団四季による東京公演もこの年に開幕しました。これはブロードウェイに続く海外初の興行だったそうですが、以後、大阪、福岡、名古屋、札幌と日本全国での公演を平行して行いながら、東京公演は通算公演回数で日本一、13年連続の無期限ロングランという大記録を更新中です。息子の『ライオンキング』デビュー以来、私も一緒にかれこれ8回（笑）、東京公演を観ていますが、いつも満席ですから、人気のほどが窺えるでしょう。

ストーリーの舞台は、広大なアフリカのサバンナ。〝プライドランド〟はライオンの王ムファサが治める動物たちの王国です。未来の王シンバ誕生のお祝いにここに住む動物たちがつぎつぎと集まる中、ムファサの弟スカーだけがそれを快く思っていませんでした。シンバ誕生により王位継承から追い落とされたスカーは、鼻つまみ者のハイエナたちと共謀して峡谷にムファサをおびき出し、ヌーの大群の大暴走によってムファサを謀殺してしまいます。しかも、その責任はシンバにあると思い込ませて、彼をプライドランドから去らせ、ついに王国を乗っ取ってしまいます。

プライドランドから遠く離れたジャングルで傷ついて倒れていたシンバを、ミーアキャットのティモンとイボイノシシのプンパァが、「ハクナ・マタタ（気にするな）」という言葉で励まし、この2匹と共にシンバは成長していく、というところまでが1幕。

2幕は、成長したシンバは、すっかり荒廃したプライドランドを出て新天地を見つけようと旅立った幼なじみの雌ライオンのナラにジャングルで出会います。彼女から王国の現状を聞かされますが、父の死の責め苦から逃れられず、「僕は昔の僕じゃない」と、シンバはナラに背を向けてしまうことに。しかし、そこに動物たちの心の拠り所であり王国の呪術師であるヒヒ・ラフィキが現れ、父ムファサの霊に会わせてくれます。「お前はただの雄ライオンではなく、命のつながりによって定められた唯一の王なのだ」と、ムファサの霊に説かれたシンバは、自分のとるべき道を心に決め、叔父と対決するためにプライドランドに戻ります。そしてスカーを倒し、ハイエナを追い出した後、ナラと結婚して子どもも誕生し、再び王国に光が戻るという「サークル・オブ・ライフ（命の連鎖）」をテーマにした動物たちの壮大な叙事詩です。

圧倒的迫力の連続

幕が上がると、さっそく舞台から、客席から、次々と動物たちが登場してシンバ誕生のお祝いの場面が展開され、雌ライオンの狩り、シンバとナラがハイエナに襲われる場面、ヌーの大暴走……と目を奪われるシーンが続きます。

2幕もカラフルな鳥たちの力強いコーラスから始まり、水に浮かび上がるムファサの亡霊、スカーとの戦い、そしてシンバの帰還と、引き込まれずにはいられない圧倒的な迫力とスピード感で進んでいきます。

何度観ても飽きないこのクオリティは、本当に素晴らしいものです。普遍性のあるストーリーなので、観るたびに発見があるというのは、大人ばかりではなく子どもにとっても同様です。ちなみに息子は、初観劇ではその世界観や動物の描写に魅入られていて、とくに詳細な個々の感想というものは話していません。

2回目でも、「どうしてスカーはムファサを谷に落としたの?」、「なんでスカーは全部ハイエナのせいだって言ったのに、その後また友だちって言ったの?」など、嫉妬や憎悪、裏切りと言った感情の存在をまだ理解できず、疑問が多々ある様子でした。

子どもでは理解できないような複雑な感情は、現在に至るまで何度もくり返し観劇する過程で、だんだんと解決していっている様子です。

このミュージカルの主題である「サークル・オブ・ライフ」というテーマについても、息子なりに少しずつ理解を深めていっている様子で、舞台で演じられていることだけでなく、その背景や理由を考察していく過程では、驚くほどいろいろな新しい扉を開けることになりました。

興味は連鎖する

『ライオンキング』から発展していったものはたくさんあります。

まずはミュージカルへの興味。劇団四季をはじめ、その後さまざまなショーやミュージカル、芝居などを鑑賞しましたが、やはり生の舞台は大好きなようです。舞台を観るのはエンターテインメントとして楽しいのはもちろん、物語の時代背景や、人間関係とその感情の機微のようなものに、自然と関心が向くのが親としては嬉しいことです。

息子の動物への興味も、『ライオンキング』から展開していったものに他なりません。動物好きという枠を越えて、その生態や行動、どこでどのように生活しているのか、サバンナとはどういうところかなど、どこまでも興味が広がりました。ついには、図鑑や動物園で見る以上のことが知りたくなり、ケニアのマサイ・マラ国立自然保護区を訪れるに至りますが、詳しくは、後述したいと思います。

〃見立て〃の力も、『ライオンキング』から得たものの一つでしょう。「これって○○みたい」とか、「○○って△△に似ている」という〃見立て〃は、そのものの本質を理解していないとできないものです。『ライオンキング』の舞台を家で再現したいと、棒、縄跳び、ロディ、箱、ボールと自分の身体を総動員して、登場する動物の動きを真似て遊ぶというのが、幼稚園時代の息子のマイブームでしたが、真剣なだけあって、親から見ても「けっこう似てる、その動き！（笑）」というものも多々ありました。一見ただの模倣遊びに思えますが、見立て力に通ずる素が含まれていて、これも成長の大切なス

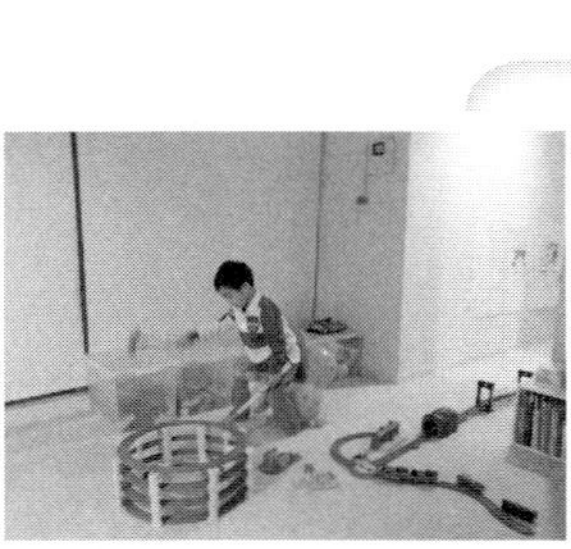

チーターの真似中。

テップだと感じています。

そのスケールの大きさと普遍的なテーマ、動物たちを素晴らしいクオリティで描いている演出、感動的な楽曲など、『ライオンキング』は子どもがミュージカルデビューするのにこれほど最適な演目はないとさえ思うほどの作品です。わが家にとっても『ライオンキング』との出会いはかけがえのないものでした。7歳にしてただいまブロードウェイでの観劇を含む9回を鑑賞しましたが、いったい何回まで記録を伸ばすのでしょうか。

ブロードウェイのミンスコフシアターで。

#11

アートに触れる

〃いいものを
いいタイミングで〃

クリエイティブな視点

私自身は子ども時代にアートに親しんでいたわけでもありませんし、身近に美術作品のあるような環境で育ったわけではありません。

本当にアートの楽しみを知ったのは、主人と結婚してからで、30歳の時、ニューヨークのブルックリンミュージアムで観た「SENSATION」▼がきっかけでした。

「すごい！　なんだかよくわからないけれど、ものすごいものが目の前にある！」と、理屈抜きでそのパワーに圧倒され、既成概念の崩壊ともいうべき衝撃を体験して、一気にコンテンポラリーアートの世界に魅了されました。

それから後は、2001年にMOMAで開催された写真家のアンドレアス・グルスキ

▼「SENSATION」は英国の著名コレクター、チャールズ・サーチ所蔵のイギリスの若手アーティスト42人、作品110点によるグループ展。文化人も巻き込み大きな反響を呼んだ展覧会で、ロンドンを皮切りにベルリン、ニューヨークと巡回した。

ーの展覧会や、数年前ヴェルサイユ宮殿で開催された「ムラカミ・ヴェルサイユ」など、展覧会を訪れるために旅をするほどになり、アートに出会ったことで人生の楽しみが驚異的に広がりました。

このように、アートの本当の面白さを自分のものにするのは大人になってからでも充分、むしろ成長してからでないとわからないところが多いのも事実。けれども、子どもの頃から素晴らしい作品や展覧会に触れることで感性は確実に刺激されますし、画一的なものの見方にとらわれない、クリエイティブな視点を養っていくことにつながるかと思います。

ちなみに子どもの頃の私は、美術に親しみがなかったどころか、美術は嫌いで、アートなんて難解でつまらないと思っていました。主人に言わせると、それは「本当にいいものを、いいタイミングで見てこなかったから」とのこと。思い当たる節はあるので(笑)、可能であれば子どもには、〝いいものをいいタイミングで〟観る機会を作っていきたいと考えています。

そもそも子どもが楽しめるアートって何だろう……と考えると、体験型でドキドキするような興奮が味わえるとか、スケールが圧倒的に大きいとか、もしくは自分の中の好きな感覚に訴えかける何かがあるとか、いろいろあると思うのですが、なかでも〝わかりやすい〟ということは絶対に外せない要素でしょう。美術史の流れをわかっているからこそ面白い、というようなものではなく、いい意味で単純に「すごいな」、「面白い

アンドレアス・グルスキーは旧東ドイツの出身、現代を代表する写真家の一人。抽象絵画を思わせる写真で知られ、2011年にはクリスティーズ・ニューヨークで現存する写真家の作品として史上最高額で落札された。

「ムラカミ・ヴェルサイユ」は2010年、日本を代表するアーティスト村上隆が、ロココの粋であるヴェルサイユ宮殿のあちこちに自らのポップなアニメ風キャラクター作品を展示した展覧会。フランスでは賛否両論の嵐を巻き起こした。

な」と心を動かされるようなものでなければ、「アートはつまらない」という偏見になってしまいますから、逆効果。

ここでは、子どもの心にも響くアートサイトを二つご紹介したいと思います。

ベネッセアートサイト直島▼

高松からフェリーで小一時間、瀬戸内海に浮かぶ直島は、自然と建築、美術が共生する素敵な場所です。

アートの島・直島といえば、海に向かって佇む草間彌生さんの「南瓜」でも有名ですが、この島では、美術館に収まりまじめに静かに鑑賞する作品ではなく、島の中のあちこちにオブジェがあったり、民家が展示の場になっています。

島内は徒歩やバスでまわれて、海を見ながらのんびり、または町並みを楽しみながらぶらぶらと歩いていると、「あっ、あった！」と作品に巡り会えるのも楽しいものです。

お腹がすけば、島内に小さなうどん屋さんなど食のお楽しみもあり、自分たちのペースで動けるのも嬉しいところ。

安藤忠雄▼さん設計の「地中美術館」は、美術館のイメージを覆す建築作品で、そのただならぬ気配は子どもの心にも刻まれるものだと思います。館内には、クロード・モネの「睡蓮」のシリーズ、ウォルター・デ・マリア、ジェームズ・タレルの作品がありますが、作品と建築空間を共に鑑賞していくと、その思いは深まるでしょう。

草間彌生さんの「南瓜」。撮影＝安斎重男

ベネッセアートサイト直島では、瀬戸内海の直島、豊島、犬島の3島で、株式会社ベネッセホールディングス、公益財団法人福武財団が、自然と歴史とアートが響きあう創造の場を提供している。http://www.benesse-artsite.jp/ 公式サイトにて島の歴史から美術館や施設の情報、ベネッセハウスの宿泊予約などを案内している。

安藤忠雄は「表参道ヒルズ」や「光の教会（大阪・茨木）」などで知られ、現代を代表する建築家の一人。荒れた直島を緑あふれるアートの島に再生させる計画には当初から深くかかわっている。

息子を見ていると、子どもは大人以上に、身体感覚を伴って、そこに漂う空気や匂い、光の強さや弱さを認識し、記憶を形成しているように思えます。そんな子どもの心で、ここ「地中美術館」をじっくり味わってほしいと思います。

一方、町中に点在する「家プロジェクト」の中で、私が最も好きなのは、「南寺」にあるジェームズ・タレル作品「Backside of the Moon」です。

「南寺」は新しく建てられた建物ですが、かつてそこにお寺があり、島の人々の精神的な拠り所であったという記憶をとどめようと、作品に合わせて安藤忠雄さんが設計したものだそうです。

中に入っていくと、そこは真っ暗。しばらく後方のベンチに座って目を慣らした後、暗闇の中、前方へと歩いていきますが、本当に真っ暗なので、恐くてなかなか一歩を踏み出せません。それでも前へと進んでいくと……

闇と光のあまりにも不思議な体験、現実の時間の感覚から切り離されたような、経験したことのない体験。夢のような、見たことのないものを見た……という、感動と一言で言ってしまうには深すぎる未知なるものとの出会いが、待っているのです。

直島に行くなら、あまり急ぎ足でなく、泊まりがけでゆっくりと訪れていただきたいと思います。「ベネッセハウス」はこの島ならではのアートと四方を海に囲まれた自然が一体になった美術館＋ホテルです。部屋が美術館の中に設けられた「ミュージアム」（ここは小学生未満は宿泊不可）、瀬戸内海や四国の山並みを見渡せる「パーク」など、他では味わえない特別感のある客室がそろっています。ここも安藤忠雄さんの設計で、

地中美術館の全景。美しい風景を損なわぬよう美術館の建物は地中に埋まっている。撮影＝藤塚光政

私は訪れたことがないのですが、直島を訪れるなら、美術家の内藤礼さんと建築家の西沢立衛さんによる「豊島美術館」のある豊島、「犬島精錬所美術館」のある犬島の2島をあわせてまわってみるのもよいと思います。

レストランも複数あって設備的にも充実しています。

金沢21世紀美術館

「金沢21世紀美術館」には、魅力的な企画展も多々ありますが、子どもにはぜひ恒久展示作品を堪能してほしいと思います。

最も有名なのは、レアンドロ・エルリッヒという作家の「スイミング・プール」ですが、写真などでご存じの方も多いのではないでしょうか。

足下に波立つプールを見下ろすと、なんと水中から洋服を着たままの人が自分を見上げている！　「どうして?!」と思って下に行ってみると、上と下は水が張られた10㎝ほどの透明ガラスで区切られていて、ガラスの下は水色に塗られただけの空間なのです。下から自分を見上げていたのはこの空間にいた人たち、というわけ。上からの景色と下からの景色……こんな不思議な気持ちで遊ばせてくれるのもアートだと知れば、難解で嫌いだという美術への偏見は吹き飛んでしまうでしょう。

屋内外にほかにもさまざまな恒久展示作品がある中で、もう一つのオススメは、フローリアン・クラールの「アリーナのためのクランクフェルト・ナンバー3」。美術館の庭に設置された12個のラッパ。地上に出ているそのラッパは、地中の管で2個ずつペアでつながっています。ですから、あるラッパで声を出すとペアになっているラッパにだけ届くのです。これが子どもにはたまらなく面白かったらしく、ここで遊ん

レアンドロ・エルリッヒ「スイミング・プール」2004年

フローリアン・クラール「アリーナのためのクランクフェルト・ナンバー3」2004年

いずれも撮影＝中道淳／ナカサアンドパートナーズ

だのは1時間では済まなかったという覚えがあります（笑）。

クランクフェルトとはドイツ語で「音のフィールド」という意味で、音の持つ可能性を反映させた作品だそうですが、そういうことがまったくわからなくても楽しめる作品です。

主人がよく、「聞かないとコンセプトがわからないものは弱い。本当にすごいものは、見た瞬間に面白い！　心が高揚するようなものだ」と言っていますが、この作品はまさに子ども心に火を付ける、アートの原体験としては最高の作品の一つではないかと思います。

金沢21世紀美術館
http://www.kanazawa21.jp/
石川県金沢市広坂1丁目2番1号
☎076-220-2800
兼六園の真弓坂口の斜め向かい。周囲には金沢能楽美術館、石川近代文学館、石川県立美術館、石川県立歴史博物館など多くの文化施設がある。妹島和世＋西沢立衛／SANAAによる建築も実は見どころのひとつ。

美術館で開催されるワークショップ

美術館では企画展にあわせたさまざまなワークショップが開催されています。中学生以上という参加条件のものも多いですが、よく探せば小学生以上というものも見つけられるでしょう。

作家自身や時代を研究されている専門の方から直接レクチャーを受けられたり、自分でも作品を作ることができたり、また学芸員の方の解説付きで美術館の裏側を見学することもできたりする貴重な機会です。各美術館のホームページから検索、参加申し込み可能なものを多いので、ぜひ調べてみてはいかがでしょうか？

ピアノ

#12

情操教育のベーシック。
上手な先生の探し方から発表会まで

音楽を習うなら

今となってはすっかり空手にはまり、「僕のメインは空手だから」と聞いてもいないのに自ら宣言している息子ですが、3、4歳くらいまでは本当に音楽が好きでした。当時放送されていたNHK-Eテレの幼児向け音楽番組『クインテット』▼をこよなく愛し、お気に入りの玩具は楽器ばかり。好きな遊びはTVの前にミニピアノ、シンバル、木琴、太鼓などを配置して、『クインテット』のDVDを流し、大好きな「カルメン」や「ウィリアム・テル序曲」にあわせて一人演奏会を堪能するというものでした。

2歳の夏のこと、おむつがとれたら、ご褒美にチェロがほしいという本人たっての希望をかなえてあげると約束した結果、親としてはさしたる苦労もなく、おむつを卒業で

『クインテット』はNHK-Eテレ放送の人気の音楽番組。DVDや番組で演奏した楽曲を集めたCDも発売されている。

きたというエピソードもあります。

余談ですが、約束は約束なので、子ども用のチェロを探し、105cm以下の子ども用という10分の1サイズの本物のチェロを山野楽器で購入しました。

そんなわけで、できるようになったらぜひピアノを習いたいと、3歳になって幼稚園入園をきっかけにさっそくレッスンに通い始めました。ちなみに息子はチェロを習いたいと言っていましたが、楽器も大きいチェロは10歳くらいからでないと難しいとのことです。一般的に、3歳ぐらいの早い時期から習得可能と言われているのはピアノとヴァイオリン。主人はギター、私もピアノ、2人ともヴァイオリンについては不案内なため、わが家はピアノを習うことにしたのです。

個人の先生の探し方

とはいうものの、どんなふうに習うのがいいのでしょうか。

何人かの子どもたちが一緒に習う音楽教室か、または個人の先生か、一言にピアノを習うと言っても選択肢はいろいろあります。それぞれのよさがあるので迷うところですが、そんなに音楽が好きならば、一対一でのレッスンの方がいいだろうと考え、友人の音楽家に個人の先生を紹介してもらうことになりました。

音楽教室であれば、まずは見学や体験を申し込み、実際に行ってみて、よさそうなら入会するし、決めかねるなら他も見てみて比較検討しようというのが普通だと思います

音の良さではプロアマを問わず定評のある鈴木バイオリンのチェロ。
http://www.suzukiviolin.co.jp/

が、個人の先生を探すとなると事情も違います。

ピアノに限らず、何でもそうなのでしょうが、子どものお稽古の個人教授を探すのに、飛び込みで……というのは、めったにないと思います。たいていは紹介してくださる方がいて、その方を通して、ということになるのでしょうが、素晴らしい演奏家だからという理由で第一線で活躍するプロのピアニストに紹介してもらうのがいいかというと、決してそうでもないと思います。

主人も、「子どもが絵を習いたいんだけど、どこかいい教室を知らないか？　と聞かれても全然わからない。自分ができるということと、子どもに上手く教えられることはまったく違う。だから自分のまわりにプロはたくさんいても、子どもの先生ができる人は思い当たらない」とよく言っています。子ども、特に幼い子どもにとって良い先生というのは、幼児への接し方のプロだということが第一になります。ですから子どもの先生を探すなら、やはり先輩ママやママ友の方が確かな情報源になると言えるでしょう。

先生をご紹介していただく時に気をつけたいのは、個人の先生は大手の教室のように、サクッと体験や見学して決めればよい、という感じではないということです。「合わない」と思うよほどの具体的な理由がない限り、基本的にはその先生にお願いする前提でお会いしないと、先生にも紹介してくださった方にも失礼ですし、自分の信頼にもかかわることになるでしょう。「それはちょっと……」と感じるなら、最初から大手の教室や、もっとビジネスライクな感じの教室を探した方がいいと思います。

個人の先生の場合、教え方の方針についても、事前によくヒアリングしてから紹介していただいた方がいいでしょう。

「それほど宿題は出さず、週に1度のレッスンでピアノに触れて楽しむことが大切という先生」か、「しっかり宿題を出し、家で練習して行かないとレッスンにならず、子どもも辛い思いをするという先生」か、などです。どういうふうに、どの程度ピアノをやりたいのか、親の方針を最初にしっかり決めておかないと、早々にレッスンが続けられなくなってしまいます。

ちなみにわが家がお世話になっている先生は後者で、「家で練習するのが嫌だー!」というふうになっている時もありますが、練習していかないと先生の前でちゃんと弾くことができませんから、頑張ったのかサボったのかごまかしがききません。

これは、毎日15分でいいからピアノに向かってコツコツ練習をする、という習慣が身につくという点でもとてもいいなと思っています。ちょっと面倒くさいけれども、頑張れば頑張った分だけちゃんと上達し、それが本人にも非常にわかりやすい。まったく弾けなかった曲が両手できれいに弾けた時の喜びは、子どもを確実に成長させているでしょう。

ピアノは私が子どもの頃に使っていたYAMAHAのアップライトのピアノを実家から運んできました。何しろ20年以上も使っていなかったピアノなので、普通の調律ではなくオーバーホールというメインテナンスを施す必要がありましたが、思い出のピアノが甦って、実家の両親も喜んでくれました。

「子どもはいい音だけでなく、悪い音も吸収してしまうので、おもちゃでもきちんとしたものを使わせたほうがいい」とアドバイスいただいた小曽根真さん(136ページ参照)が贈ってくださった小さな本物のピアノ。

アップライトのピアノとグランドピアノの違いは、12色のクレヨンで絵を描くのと36色のクレヨンで描く違いのようなものだと販売店の方に聞いたことがあります。だとしたら最初はアップライトで充分で、本人が本気でピアノをもっと一生懸命やりたいと言い出したら、グランドピアノも視野に入れようと思っていますが、果たして、そういう日は来るのでしょうか？（笑）

発表会という経験

未就学児がたった一人で人前で何かを発表するという機会は意外とないものです。幼稚園のお遊戯会では一人の台詞がつくということはありますが、基本的にはみんなで一つのものを作り上げるという経験。運動会のダンスなども同様でしょう。

今、通っているピアノ教室では、2年に1度、カワイ表参道のイベントホールで発表会があり、息子も幼稚園の年長の春に出させていただきました。発表会は、自分のこれまでの練習の成果をたくさんのお客様に披露する場。しかもチャンスは1度きりです。

発表会までは、とにかく間違えないで弾けるように、そしてお客様に聴いていただくのだからきれいに弾けるように、と毎日心を込めて練習をしました。1週間前、3日前、前日、そしてついに当日と、子どもなりにもテンションが高まっていくものです。発表会前日には先生のお宅でゲネプロがあり、いつものところで間違えた息子。「お間違えしちゃいけないの。あなた、一生懸命さが足りないわよ」と先生に真剣な活を入れられ、それまで見たことのないような表情をしていました（汗）。おかげで前日夜や当日朝は気合いを入れ直して練習を重ね、どうにか「仕上がった」感を自分でも得た上で、本番に臨みました。

ふだんは着ないような正装をして会場に着くと、ステージの上にはピカピカのグランドピアノが一台……。ここでこれを弾くのかと緊張が走ります。

発表会が始まると、子どもは親とは離れ、舞台横、先生の隣の席にまとまって座ります。実は休憩をはさんで1時間ずつの計2時間という長丁場、演奏の邪魔をせず、隣の子どもとお喋りせず、きちんと座っていられるかしら……というのも心配の一つではありましたが、どの子も自分の演奏前後の関係なく、ビシッと姿勢よく座っていてびっくりしたものです。

そしていよいよ自分の番。いつになくキリッとした面持ちでステージに向かい、お辞儀をした後、演奏スタート。途中1カ所だけ、ヒヤッとする場面がありましたが、本人は何事もなかったかのように弾き直し、その後は間違えずに2曲を弾き終えました。

ピアノから離れ、ステージ中央でお辞儀をして引っ込む時に、思わずガッツポーズで会場の笑いを誘っていましたが、あれだけの緊張感の中、「やりきった！！！！」という万感の思いが5歳なりに溢れたのだと思います。

この経験は、本番という目標に向かって長い間努力を続けること、本番に向けて体調を整え集中力のピークを持ってくること、一度ステージに上がったら最高のパフォーマンスをすること、万一ミスをしても動揺せず全力でパフォーマンスを続けることなどな

ど、本当にたくさんのことを学ぶ機会となりました。

先生が「小学校受験をされるお子さんが、ピアノの発表会を経験して本当によかったとおっしゃるのよ」と教えてくださいましたが、あれだけの大舞台を経験できれば、しばらく恐いものなんてないのでは……と納得するくらい、度胸も根性も自分のものにできた素晴らしい経験でした。

子どもの発表会に行く時には、1000円ぐらいの小さな花束を持っていってあげるといいでしょう。私も息子や同じ幼稚園のお友だちへのプレゼントとして何個か用意し、終演後にプレゼントしました。自分のステージに対して、「素晴らしかった！」と言ってお花をもらえると、小さなパフォーマーとしても誇らしい気分が増して盛り上がると思います。

未就学児でも鑑賞可能なコンサート

子どもの情緒を育んでくれる音楽。ここでは幼児から鑑賞可能なコンサートをいくつかご紹介したいと思います。

●「ラ・フォル・ジュルネ・オ・ジャポン」 毎年ゴールデンウイークに東京・丸の内、金沢、新潟、びわ湖、鳥栖で開催されている音楽の祭典。
東京では2005年にスタートし、2013年までに延べ577万人もの来場者を集めている驚異の人気イベントです（http://www.lfj.jp/）。もともとはフランス・ナントで1995年に誕生した音楽祭で、ヨーロッパの数ある音楽祭の中でも最もエキサイティングな展開を見せていると評されています。

毎年のテーマに沿った多彩なプログラムが目白押しの「ラ・フォル・ジュルネ・オ・ジャポン」ですが、「0歳からのコンサート」は恒例。世界一流のオーケストラによるクラシックのみならず、テーマによってスティールドラムや民族楽器での楽しい演奏を聴くことができます。

また日中のほとんどのプログラムが3歳以上で入場可能なのも嬉しいイベントです。

●ズーラシアンブラス　オカピの指揮者にホッキョクグマのチューバ、インドライオンのトランペットに、スマトラトラのトロンボーンなどで構成される動物たちの楽団。タキシードに頭は動物というでたちで、クラシックの名曲を演奏するので、幼児の盛り上がり度は抜群！

日本全国でコンサートを展開しています（http://www.superkids.co.jp/z-brass/index2.html）。

●カーネギーキッズatサントリーホール　サントリーホールで毎夏開催されるアメリカのカーネギーホールとの提携による3〜6歳児のためのプログラム。

小ホールで演奏家との距離も非常に近く、子どもにもわかりやすく曲の特徴や聴きどころなどの解説を入れながらの演奏会です。

終演後は、ホワイエで直接演奏家のみなさんと触れ合える機会もあり、素晴らしい音楽をとても身近に感じられるコンサートです。

サントリーホールのホームページでご覧ください。

絵画教室

#13

表現することで子どもの生き方が変わる

理解力と表現力

子どもに絵を描くことを学んでほしいと思うのは、絵を描くことには、これからの人生で必要となるさまざまな能力が凝縮されているからです。

その能力とは何でしょうか。

まず、自分が何を描きたいかと考える力。やりたいこと、言いたいこと、描きたいこと……自分が表現したいことを自分で決めるという能力は、一見、当たりまえのことのようですが、大人でもちゃんとできている人は意外に多くはないと思います。

そして理解力。描くためにまず必要なのは、テクニックではありません。描こうとするものはどういうものなのかという、対象についての理解力だと思います。理解できていないことは語れないというのは、大人であればわかりすぎるほどわかっていることですが、子どもだって同じように、理解していないものは描けないのです。

自分が描きたい人や動物、もの、風景、思い出などについて、自分なりに、それはどういう存在か、どう感じているのか、あるいは対象を自分との関係において整理して把握できているかどうか、すなわちきちんと理解できているかどうかは、絵を描くための必要不可欠な要素です。

三番目に表現力。ここで言う表現力とはテクニックのことではなく、理解したものをどう描いていくかという、思考の組み立てを伴う力です。たとえばライオンを描くのだとしたら、それを雄々しくてかっこいいと思っているのか、恐いと思っているのか、または親しみを感じているのか、見る人に自分の感じていることを伝えるためには、どう表現するのがいいのか考える力です。

このように、絵を描くことはものの見方、考え方を育むことにつながっていきます。だからこそ、子どもが絵を習う環境は素晴らしいものであってほしいと願っているのです。

1歳半の挫折

「佐藤可士和さんのお子さんだから、絵も上手でしょう」と、小さい頃からことあるたびに言われてきたわが家の子ども。

でも幼稚園の年中の秋までは絵が大嫌い！　まったく描けず、個人面談の席で園長先生から、「これはちょっと……」と、言われたことさえありました。

そうなったのにはきっかけがあり、今でもよく覚えています。それは1歳半ぐらいの時。当時、主人はNHK-Eテレの幼児向け英語番組『えいごであそぼ』▼のアートディレクションを担当しており、番組キャラクターの「ケボとモッチ」をデザインしたのも彼でした。ある日、息子は「ケボとモッチ」の絵を描いていたのですが、当然まだ上手くできません。それを見ていた主人が、「こうだよ」と、サラサラっと描いてあげたのです。彼としては一緒に遊ぶつもりでやったのですが、一生懸命描いていた息子はおそらくひどくプライドを傷つけられて、以後あきらかに絵を描かなくなり、「僕、お絵描きは嫌い」と明言するようになったのです。

家で絵を描かないのはもちろん、幼稚園でも幼児教室でもひときわ不出来。先生に注意されると、よけい嫌になって……という悪循環に完全にはまっていました。

主人もなんとかしたいと思ってはいましたが、一度失敗しているだけになかなか口も手も出せません。そんな時に出会ったのが、東京・碑文谷にある絵画教室だったのです。

絵画教室の選び方

幼児のための絵画教室はさまざまです。絵を描く楽しさを知ることを目的にしている教室や、小学校受験を念頭においた教室まで、じつに多種多様。それだけに、自分に合う教室や先生に出会うのは難しいことと言えるかもしれません。

『えいごであそぼ』は20年以上の歴史を持ち、現在第8期の放送になっている。キャラクターも「ケボとモッチ」から「ボーとビー」にバトンタッチ。

お友だちの中には、「絵は受験のために、ある程度描けるようになればいい。それよりもっとほかのことを経験してほしい」と割り切っているママもいて、それはまた一つの納得のいく考え方だと思います。

要は、絵を描くことを通して何を経験してほしいか、まずは親が自分の考えを整理してから絵画教室を探すことが大切ではないでしょうか。

もし小学校受験のために特化した絵画教室を探しているのでなければ、子どもが「表現は自由だ」と信じられるように、決められた描き方を守らなければ注意されるということがない教室がいいかと思います。

絵は楽しい雰囲気で描かないとダメ、子どもを叱ったり否定したりしたら絶対ダメ、とは主人がよく言っていることです。

いくつか絵画教室を体験・見学した中で、その碑文谷の教室を私が素晴らしいと感じたのは、子どもの自由な感性を大切にしながら、想像力と表現力を引き出して個性を伸ばしていけるような環境でした。親が近くにいると集中できないので、通常は入った時間から90分後にお迎えに行くシステムですが、体験時は少し離れたところから子どもが取り組んでいる様子を見学できました。

先生方は全員東京藝術大学や武蔵野美術大学、東京造形大学など美大出身。室内はアトリエのような雰囲気で、子ども4、5人で大きな机を囲み、先生が平均して2人の子どもを指導していました。

「花を描こう」、「空から見た景色を描こう」、「働く人を描こう」など、その時のテーマに沿って思い思いの絵を描きますが、まず先生は細かい指導をするというより、その子が何を描きたいのかを親身になって聴いてくれます。そしてそれをどんなふうに描いていこうかと、まずはスケッチブックに鉛筆で下書きをしながら、子どものアイディアをどんどん引き出していきます。

とても面白い表現をした子どもがいると、担当の先生が声を大きくして、「みんな見てくださーい。○○くんがこれをこんなふうに描きましたー」と、他の先生や子どもに教え、それに応えて、ほかの先生も「すごい！　面白い!!」と拍手をしたりしていて、和やかでとても楽しそうな雰囲気。

45分ぐらい見学した後、外に出て終了時間に改めて迎えに行くと、なんと待合室の椅子に息子が座って爆睡しているではありませんか（笑）。

いったいどうしたんだろうと思って呆然としていると、先生が、「すごく一生懸命集中して描いてくれていたので、相当疲れたんだと思います」と言いながら、息子の描いた猿の絵を見せてくださいました。

それは今まで見たことのないような、細かいところまで描き込まれている、いきいきとした絵!!　背景の緑と猿の茶色のグラデーション、そしてバナナの黄色の色彩がきれいな、のびのびとした大きな絵でした。「え!!　これ、本当にこの子が描いたの？」と心底驚くと同時に、絵が嫌いで苦手だと自分でも劣等感を持っていた彼が、力尽きて寝てしまうほど、真剣に絵を描くことができた環境を作ってくださった先生に、ただただ感謝でした。

5歳のときに描いた「自画像」。

僕はパパより絵がうまい

それから2年がたちますが、ダメダメだった時から180度意識が変わり、今や本人の中では「僕は、パパより絵がうまい」ということになっています（笑）。

幼稚園の年中の最後に、〝未来に残したい自然〟をテーマに描いた作品を募集した「ブリヂストン こどもエコ絵画コンクール」▼で入選するという快挙があり、一気に自信をつけたことも大きかったでしょう。

「パパが初めて入選したのは小学生になってから。僕は幼稚園で入選した」とかなり得意げな息子です。

大いなる勘違いもありますが、「自分はこれができる」、「これなら人に負けない」というものを幼少時から持っていることはとても大切なことだと考えているので、その自信は心の中で大切に育ててほしいと願っています。

息子にとって、父親は憧れでもあり、コンプレックスでもあると思いますが、親を乗り超えて成長していくためにも、そういった自尊心は重要でしょう。これから先、体力、スポーツ、勉強はもちろんさまざまな競争の中で、負けることも多々あるでしょう。その時に「でも自分にはこれがある。これなら負けないし」という心の軸を、いつも失わないでいてほしいと思います。

息子の心の軸が絵を描くことであり続けるかどうかは別としても、描くことによって自分と向き合う機会は、確実に作られていると感じています。

ブリヂストン こどもエコ絵画コンクール
http://www.bridgestone.co.jp/sc/ecokaiga/
かけがえのない地球の環境を子どもたちに再認識してもらおうと始まったプロジェクト。左は入選した作品。

企業が主催する子どものための絵画コンクールはほかにもたくさんある。たとえば、住友生命の「めざせ！ルーヴルこども絵画コンクール」は、受賞した作品がルーヴル美術館に展示されるという特典がある。

#14

YMCA

多彩なプログラムが魅力、長いお休みの頼れる助っ人

ただならぬ事態

幼稚園に入園前は、週2日通っていたプレスクールや、ちょっとしたお稽古などはありましたが、息子がほとんど毎日家にいるという状態が当たりまえでした。でも3歳からは、毎日、朝から13時頃まで幼稚園に通うようになり、午前中は子どもがいない時間が確保できるようになりました。そうして1〜2カ月が過ぎ、朝から超真剣勝負で仕事をするペースに慣れた頃、突然気がつく〝夏休み〟という存在！

7月中旬から9月の初めまでの約2カ月という長い間、仕事は休みじゃないのに幼稚園はないなんて、いったいどうやって乗り切ればいいの……と、このただならぬ事態に愕然としたのを、まるで昨日のことのように覚えています。

ＹＭＣＡとは

そこでサマースクールと呼ばれるものにいろいろ行ってみたのですが、中でも息子が大好きでリピートしているのはＹＭＣＡです。▼

ＹＭＣＡ（Young Men's Christian Association）は、１８４４年、ロンドンで始まった、世界で最初のボランティア団体で、現在では世界119の国と地域で約５８００万人の会員が活動する世界最大規模の非営利団体。

東京ＹＭＣＡの歴史も古く、なんと１８８０年の創設だそう。キリスト教精神を基盤とする団体ですが、布教活動が目的の団体ではないので、勧誘などは一切行わず、年齢、宗教、国籍、性別などにかかわりなくすべての人々の豊かな成長を願い、体育活動や野外活動、国際協力・交流、ボランティア活動、幼児教育、高齢者ケアなどの提供を行なっています。

そのＹＭＣＡでは、学校や幼稚園の夏休み、冬休み、春休みにあわせて、さまざまな内容のプログラムがいくつも用意されています。どれもわくわくしながら子どもが一まわり大きく成長できるような機会に富んでいて、非常に魅力的なものです。

プールサマースクール

年少、年中と、お休みのたびに息子が参加していたのが、「プールサマー（ウインタ

日本ＹＭＣＡのホームページhttp://www.ymcajapan.org/で各地方のＹＭＣＡを調べることができる。それぞれのＹＭＣＡでプログラムの内容が若干違うが、夏のプールスクールはほかのＹＭＣＡでもお馴じみのプログラムなので当たってほしい。

ー／スプリング）スクール」です。連続3〜5日間のコースで10時〜16時40分（小学生は17時40分）と、幼稚園よりもずっと長い時間！　定員は、各回30名ぐらいで、子ども4、5人のグループに、大学生のリーダー1人がついてくれます。

1日の流れは、朝、YMCAに集合して、午前中は近くの公園に遊びに行き、戻ってきて昼食。お弁当を持参する必要はなく、YMCAが日替わりのランチを用意してくれます！　午後は工作や読み聞かせ、グループワークなどをした後、帰るまでの最後の1時間はプールでスイミングという盛りだくさんな内容です。

子どもにとって、このプログラムがスペシャルなのは、大学生のリーダーの存在があるからかもしれません。トレーニングを受けた大学生ボランティアの方々ですが、いつも接している〝先生〟とは明らかに違う雰囲気を持つ、頼れるし、一緒に遊んでくれる〝大きいお兄さん＆お姉さん〟。

他のお友だちにすごく迷惑をかけたり、危険につながるような行為のあった場合は、もちろん厳しく注意されますが、よくある子ども同士のケンカやトラブルは、なるべく自分たちで自然に解決できるよう、過剰な干渉はせず、見守ってくれている様子です。のびのびと楽しく過ごせるような環境がYMCAの魅力。人の話をちゃんと聞く、というような基本的な生活態度についてはきちんと見ていてくれますが、いわゆる〝お教室〟ではないので、子どもの自主性を尊重し、子どもらしく、というのが基本方針です。

子どもも〝教室に行かされている〟という感覚はまったくなしで過ごしているので、幼稚園よりもずっと長い時間のスクールでもストレスもなく、〝お預かりされている〟

毎日元気に出発。

プールでスイミング。
写真＝YMCA

という感覚がないのでしょう。

親としても、まとまった時間が何日か連続で確保でき、しかもその間子どもに我慢させているわけではない、というのは非常に助かります！

申込みはお早めに

この「プールサマースクール」は、お休み期間中、いくつかのセッションが組まれているので、自分たちの予定に合わせて選べるのも嬉しいポイント。

しかしながらやはり大人気なので、申込み初日に電話予約をするのがマストでしょう。ちなみに軽く1時間はリダイアルし続ける覚悟と根気は必要です（笑）。

さらに申込みの時期にも要注意。夏休みなんてまだ先、と思っている5月下旬頃にパンフレットの配布が始まり、申込み開始は6月中旬です。

私の知る限り、これはサマースクールとしては遅い方で、ゴールデンウイーク明けまもなくから告知が始まるものも多いです。

インターナショナルスクールなどが主催する英語環境のサマースクール▼は、さらに早く、4月末には募集定員に達して締切ってしまうところも少なくありません。

最初は私もこのスケジュール感に戸惑いましたが、出遅れて辛い思いをしないためにも、早めの情報収集をぜひ！

▼よく知られているのは「アメリカンスクール・イン・ジャパン」や「国際英研センター」のもの。The International School Timesのサイト http://istimes.net/index.html に詳しい。

スキーキャンプ

「プールスクール」は通いですが、宿泊のプログラムもたくさんあります。「スキーキャンプ」は、年中から小学２年生までという年齢枠のものがあり、期間も２泊３日のものから設定されているので、初めてのお泊まりにも最適。それぞれのお子さんのレベルにあわせて、少人数でレッスンしてくれるので、無理なくスキーの練習ができます。もちろんリーダーたちが引率してくれますので、スキー以外の時間も、グループタイムなどで楽しく過ごしている様子。

お泊まりの経験は、最初が肝心。最初のお泊まりが辛かったり、寂しかったりすると、後々まで「もうお泊まりには行きたくない」となってしまうので、子どもが楽しんで参加できるＹＭＣＡのスキーキャンプは、本当にありがたい存在です。

スキーのレッスンには、たくさんの「できた！」、「やった！」が感じられる場面があります。そんな時、共に喜んでくれるリーダーや、同じ目標に向かって頑張っている同年代のお友だちが近くにいるというのは、家族でのスキーとはまた違った経験となるでしょう。

以前、家族でスキーに行っていて、疲れてちょっとなげやりな態度になっていたことがあった息子。疲れたのは仕方がないけれども、そういうことを言葉ではなく、嫌な態度で表すのは、すごくよくないことだと叱った数日後に、ＹＭＣＡのスキーキャンプに出発しました。

菅平スキーキャンプ。
写真＝東京ＹＭＣＡ

帰って来た瞬間、「僕、転んで辛いことがあって、2回泣いたけど、最後まであきらめないで頑張ったよ!!」と、ちょっと誇らしげに報告していたのが印象的でした。親だと甘えが先に立ってしまってできないことも、子どもの社会とはいえ共同生活の場に投げ出されれば、自ずと自分のとるべき態度を考えるんだなと、プログラムの多面的な魅力を実感し、またその機会を与えてくれたリーダーのみなさんに感謝した瞬間でした。

工作スクールの様子。写真＝東京YMCA

YMCAのプログラムはいろいろ

その他にもYMCAには楽しいプログラムがたくさんあります。

●工作スクール　年中〜小2が対象の3日間の工作スクール。子どもの自由な発想を引き出してくれます。

近くの公園にみんなで行き、材料を集めるところからスタート。大きなテーマに沿って作りたい作品をイメージし、困った時はリーダーに相談しながら3日間かけて作品を仕上げ、最後にみんなの前で発表します。最終日の発表タイムには保護者も参加可能です。

●イングリッシュ・デイキャンプ　英語で遊ぶことを目的とした3日連続のデイキャンプ。初日はYMCAの館内で英語を使ったゲームやクラフト、2〜3日目は先生と一緒に公共交通機関を使ってお出かけ。その都度テーマがあり、ゲームや外出先もテーマに沿ったものが選ばれていて、学んだ英単語や表現などを確認しながら楽しい時間が過ごせます。

●自然満喫キャンプ　夏には山の中を探検したり、

森の中で見つけた枝や葉を使って作品を作ったり、カヌーやカヤックに乗って湖に出たり、川の生き物を捕まえながらの水遊びをしたり、またハイキング、野外料理、星空観察やキャンプファイヤーなど、大自然を満喫する様々なキャンプが用意されています。

幼稚園児が参加できるものは、年中〜小2や、年中〜小4といったカテゴリーで2泊3日か3泊4日。人数は40名ぐらい。山中湖や妙高高原などにバスで向かいます。

大自然の中でのびのびと過ごす数日間が素晴らしい体験であることは言うまでもありませんが、アクティビティだけでなく、生活そのものを体験するというのもキャンプの大きな目的です。

●野尻小学生キャンプ　毎夏恒例、小1〜小6までの70名が、東京ＹＭＣＡ野尻キャンプで過ごすというプログラム。湖に飛び込んだり、ヨットやカヤックを体験したり、アーチェリーに挑戦したり、おやつ作りや昆虫観察するなど盛りだくさんな6泊7日の夏のプログラムです。

●にこにこクラブ／アドベンチャークラブ　今までご紹介してきたものはすべてシーズンプログラムと呼ばれる夏休みや冬休みのプログラムですが、毎月1回実施されるアクティビティもあります。

にこにこクラブは5月から翌年2月まで、毎月1回日曜日にリーダーとお出かけをする幼稚園児対象の定例野外活動プログラムです。アドベンチャークラブは、その小学生版です。

行き先は、昭和記念公園など、高田馬場から電車で1時間ぐらいの公園や近郊の野山など。秋には貸し切りバスに乗ってみかん狩りにも行き、1月には1泊で雪遊びをするお泊まり会が予定されています。

自然の中で遊ぶ団体活動を通して学ぶこと、成長することも多く、年間の固定メンバーなので、リーダーやお友だちとの関係もだんだん深めていくことができます。

#15

Nanbo Discovery Camp

〃英語が日常〃の環境に身を置き インターナショナルに慣れる

子どもの英語教育に求めること

小学校1年生の息子のお友だちには、週に1回で英語の教室に通うお子さんも少なくありません。わが家では習わせていないのですが、お稽古のラインナップに英語が入っていないのは、むしろ少数派かもしれません。

個人的には、幼児期に週1回1時間程度英語を習って意味あるのかしら……と、どうしても疑問を感じてしまいます。

スタートの時期が遅くなったとしても、「話したい」という自分の意志を持った時に、集中して英語の勉強をした方がいいのでは……と考えているのです。今は週に1回程度の英語を習うより、将来、英語で語るべき趣味や特技を見つけることの方が、大切なのではないかと感じているためです。

では、今、英語教育についてするべきことは何でしょうか？

できれば英語に対してネガティブな感情を抱かないよう、適度に英語に触れられる楽しい環境が、子どもの近くにあるといいですね。

たとえばわが家は、「東京アメリカンクラブ」▼のメンバーになっていますが、このクラブでは、カフェテリアで何か注文する時も、子ども向けのイベントに参加する時も英語ですから、英語を話すのは特別なことではないという感覚を養うにはなかなかよい環境です。

また、外国人に対しても、いい意味で特別な感情を抱かないで普通に接してほしいと思います。願わくば、成長の段階で、日本語を話せない外国人の友だちができるとか、好きな野球の選手がメジャーリーグに行ったからメジャーのことをもっと知りたい、などのように「英語を話したい！」と本人が主体的に思うような出会いがあれば、すごくラッキー。英語の教室を探すより、そういう環境を意識することが、私の努めだと思っています。

Nanbo Discovery Camp

というわけで、ある時、お子さんがインターナショナルスクールに在学中という友人に、楽しい英語環境をどう作っていけばいいかを相談してみたところ、「子どもが参加

▼東京アメリカンクラブは、レストラン、バンケットルーム、プール、図書館を備えた会員制クラブハウス。会員向けに、さまざまなレクリエーションやキッズアクティビティがある。会員でなくてもレストラン「デカンタ」は利用可。http://www.tokyoamericanclub.org/

してとてもよかった」、「また行きたいとリピートしている」などの声が高い、評判のキャンプがあると教えてくれました。

そのキャンプを主催している「Discover Japan」▼は、日本で生活する外国人家庭のお子さんをメインの対象としてサマーキャンプや、スキー&スノーボードキャンプなどを、シーズンごとに主催している団体で、30年以上の歴史があります。

「Nanbo Discovery Camp」は、南房総の千倉にあるDiscover Japanのキャンプ施設で、6歳から13歳の子どもを対象に、夏に開催されているものです。

7月下旬から8月下旬まで、5泊6日のフルと、3泊4日のミニという何回かのセッションが用意されていて、子どもの様子やスケジュールによって選ぶことができます。

初めて本格的に英語の環境に身を置くなら、やはり楽しみながらコミュニケーションできることをいちばん大切にしたいと考えていたので、このキャンプは好感触。そこで息子が小学校1年生の夏休みに5泊6日の英語キャンプに参加することにしました。

実は、それまで日本語でも3泊4日がお泊まりの最長だったので、ミニにしようか一瞬悩みました。ですが3泊のプランだと、やっと英語が少し聞こえてきたり、まわりのお友だちとコミュニケーションできるようになったところで帰ることになってしまうだろうと思い、思い切って6日間の長いセッションに決めたのです。

その代わり、セーフティーネットも用意しました（笑）。仲よしのお友だちと2人で一緒に申し込んだのです。「友だちと一緒だと、その子とばかり日本語で話してしまって、全然意味ないよ!!」と、当初主人に言われましたが、まわりは全員初めて会う外国

▼「Discover Japan」は一九七七年設立以来、子どもと大人のためのアウトドア教育活動を行ってきた団体（http://discoverjapan.co.jp/）。南房国際村（千葉県南房総市千倉町瀬戸）での夏のキャンプ「Nanbo Discovery Camp」は7月中旬から8月中旬にかけて、3泊4日、6回ほど催される。冬のスキーとスノーボードのキャンプは志賀高原で。キャンプ以外にもライブやバーベキューなどのイベントも開催している。

人、しかも英語というハードな環境で、まったく逃げ場がないというのはよくないと思ったのです。

ちなみに一緒に参加したお友だちは、外国人も多いマンションに住んでいて、日本語、英語問わず、初めての人にもどんどん話しかけていくタイプ。組み合わせとしてのバランスも考えてのことです。

Discover Japan への問い合わせや申し込みなどはすべて英語ですから、親のほうも多少の語学力が必要です。メールや電話等の先生との事前のやりとりでは、日本語は使えません。

まるで英語圏の国にいるかのようなこの本格的な英語環境、子どもは大丈夫かしら……と若干心配しないでもなかったですが、キャンプ初日に東京駅に集合して先生にお会いすると、先生もサポートしている学生スタッフも、全員日本語はわかるとのこと。先生からの言葉はすべて英語ですが、もし子どもがわからないことがある時や、言いたいことがあるけれどもどうしても英語では表現できない時は日本語で話してOK。けれども、それに対する答えは英語で行います、なぜなら親御さんたちは子どもが英語を話す環境を望まれているでしょうから、というお話でした。これならひと安心！　子どもも私もお互い笑顔で別れることができました。

アメリカン！

まず驚いたのが、先生も学生スタッフも本当にフレンドリー。これから6日間、親と離れて初めての環境に身を置くというのに、スタッフの方々の陽気なオーラに巻き込まれて、息子を含め全員がすでに集合場所からすごく楽しそう。

聞けば、その前週のセッションに参加し、あまりにも楽しかったので、急遽2週連続で参加することになったというお子さんもいるとのこと。

キャンプ中は、もちろん電話などで子どもと話すことはありません。ですからその詳細はわかりませんが、キャンプが終わった日、とにかく「ものすごく楽しかった!!」という感想と共に息子は帰ってきました。

そればかりでなく、なんと家に着くなり、「ねぇ、来週のNanboって僕行ける?」。2週連続参加を言い出したのには、びっくりでした。

さて、親の方は一日の終わりに、その日キャンプで撮った写真が豊富にアップされるwebを見ることができます。それで知ったのですが、千倉のキャンプサイトは、広々とした芝生のスペースや屋外デッキのある居心地のよさそうな施設でした。

広場でサッカーやバトミントン、フリスビーや大縄などで遊ぶのはもちろん、施設外では磯遊びやプール、サイクリングなどをしていたようです。ランチや夕食も外のテーブルで食べていて、おおらかで気持ちよさそう。

ちなみに食事はハンバーガーやカレー、タコス、おやつはプレッツェルなどなど、こ

webで見ることができるキャンプの様子。よい意味で日本ばなれしている。様々な国の子どもたちが、みな楽しそう。

れもアメリカンな感じで、子どもにとっては非日常気分満点だったことでしょう（笑）。

成果のほどは……

肝心の英語はというと、息子曰く「日本語も通じるから、全然大丈夫だったよ。でもグリーンさん（先生）は英語しか話さなくて、ごはんも“Yes, please.”と言わないともらえないし、いらない時は“No thank you.”って言わないとダメ」。

「これから何をするとか、どこへ行くとか、英語で説明されてわかったの？」と尋ねると、「わからないけど、morning beach とか言っているから、朝、ビーチ行くのかなとか、toilet とか言っているから、出かける前にトイレ行ってねってことかと思ってトイレ行ったり、わからないところはお兄さん（大学生のスタッフ）たちが教えてくれたから大丈夫だったよ」。

この1週間でものすごく英語ができるようになって帰ってくると思っていたわけではなく、もともとインターナショナルな環境に少しだけ慣れる、そして英語を聞いたり話したりするのは楽しいことで、つまらない机上の勉強ではないということ、また、英語でコミュニケーションして、もっと仲良くなりたい、もっとこういうところに行きたいというような思いを自発的に持ってほしいというのが目的だったので、息子の自然体な感想には満足しています。

一つのセッションには、30人ぐらいのお子さんが参加しているようですが、外国人ま

たはハーフなど英語を母国語としているお子さんが大半です。Japanese-Japanese（両親とも日本人で帰国子女でもなく、インターナショナルスクールの生徒でもないお子さん）は、キャンプ中の言語環境を考慮して3人程度に人数を限定しているということも、ありがたい配慮だと思います。

余談ですが、昨夏はその後ナイアガラやニューヨークを旅行しましたが、以前は恥ずかしいというのに加え、通じなかったら嫌だという子どもっぽい見栄から、決して言おうとしなかった「Catch up please.」や「One more apple juice please.」という簡単な言葉が自分から言えるようになっていました。

ほんの小さな前進ですが、ちょっと成果を実感した出来事です。

第三章

子どもの心に種をまく海外旅行

第三章を

読んでいただく前に

「見たことのないものを見てみたい。行ったことのないところに行ってみたい」というのは、私の人生における夢です。そんな私ですから、ずいぶん前から無類の旅好きで、旅は人生の醍醐味だと思ってきました。子どもが生まれる前は、今度はどこに行こう……とわくわくしながら、いつも次の行き先の計画を立てていたものです。

子どもが生まれてから、さすがにしばらく海外は無理かなと思い、実際2歳までは仕事で行った香港とハワイのみが私の海外の行き先でした。でも息子が2歳半の夏休みに思い切ってプロヴァンスを旅してみると、これが意外に平気だったのです。もちろん大人だけの旅のようなハードスケジュールはNG、気楽な予定変更もNG。そして子どもが理解できて心に響くコンテンツがないとダメなど、以前とは状況は違います。でもだからこそケニアやディズニークルーズなど、新しい旅先に出会えたのも事実です。

当の子どもはというと、自ら行きたいと願ったケニアだけでなく、テレビで見て衝撃を受けたナイアガラの滝やピラミッドとスフィンクス、オーロラの見られるフィンランドなど、行ってみたい場所は世界にいろいろあるそうです。

何か心にとまる風景を見て、そこに行ってみたい！　と自然に思うようですが、同年代のお子さんが全員そういうわけでもないので、知らず知らずのうちに私の旅行好きの影響を受けているのかなと思います。

そういえば、まだ字が読めなかった頃から息子は「ロゴ」が大好きで、アウトドアブランドやスポーツメーカー、車、銀行、コンビニや玩具メーカーに至るまで、身のまわりにあるものをそのロゴで識別して、お気に入りのロゴもしっかりありました。これは主人の影響かなと思いますが、主人ももちろんロゴやデザインの話を子どもに頻繁にしているわけでもなく、ちょっとした会話の端々や生活環境の中にあったものから自然に覚えていったことでしょう。旅の話もそれと同様です。

そう考えると、親自身が自分の好きなこと、得意なことを大切に、心から楽しんでいくことが結果的には子どもにとってもいいのかなと思います。

子どもと行く海外旅行は、国内にもまして情報がありません。どこでどんな体験ができるのか、子どもの受け入れ態勢はどうなっているのか、いつがベストシーズンなのか、交通手段をどうするのか、ホテルやレストランは子ども連れでも大丈夫か……など、必要な情報を入手するのは本当にたいへん。

それでも思い切って旅に出れば、世界は広く、たくさんの国があって、それぞれの人々にそれぞれの生活や文化や歴史があるということを、身を持って感じることができると思います。

ここでご紹介する情報が、見たことのないものを見に行く旅の、何らかのヒントになりましたら、旅行好きとしてこれに勝る幸せはありません。

#16

ヨーロッパの成熟を体験した
幸せな子ども連れヴァカンス

プロヴァンスの旅（フランス）

ヨーロッパへ

子どもとの海外旅行は、精神的にも物理的にもハードルが高いもの。

わが家の場合、子どもとの初海外は、息子が5カ月の時の香港。フライトも短く、何しろまだ5カ月ですから寝ていることも多くて、とくに骨が折れたということはなかったように記憶しています。

その後、何度かのハワイを経て、2歳半の夏、初めてのヨーロッパ旅行にトライしました。めざすは国際的なピアノの野外音楽祭「ラ・ロック・ダンテロン」▼が開催されるプロヴァンス！

日本からの直行便はないので、約12時間のフライトでパリに飛び、1泊してから南仏

▼正式名称は「ラ・ロック・ダンテロン国際ピアノ音楽祭」。セザンヌゆかりの地として有名な南仏の街エクス・アン・プロヴァンスから車で30分程の小さな村ラ・ロック・ダンテロンで、1981年に音楽プロデューサーのルネ・マルタンと当時の村長とによって最初のピアノフェスティバルが開催された。以来、世界の名だたるピアニストや声楽家の出演が相次ぐ、国際的なピアノ音楽祭として地位を確立している。

開催は7月中旬から8月中旬の約1カ月、5月中旬にはプログラムや出演者が発表され、チケットの予約も開始。http://www.festival-piano.com/（英語表示あり）にて、プログラムや予約方法、エクス・アン・プロヴァンスやルマランをはじめとする近郊の街のホテル情報からミニバスなどでの会場へのアクセス方法まで提供している。

に向かいます。

長時間フライトに備えて、大好きな『クインテット』や『おかあさんといっしょ』、『ノンタン』などの新しいＤＶＤを何枚か購入し、ポータブルＤＶＤプレイヤーと一緒に手荷物で機内に持ち込みました。ほかにも、ポップアップ絵本に立体パズルなど、音の出ない玩具数種類に、お気に入りのお菓子も用意。これらを本人専用のリュックに詰めて、いささか緊張しながら搭乗です。

勢い込んで乗りましたが、２歳半にもなると、自分の興味のあるＤＶＤであれば静かに見ていますし、疲れたら眠るので、１歳すぎにハワイに行った時の方がよほどたいへんだった、というのが正直な感想です。

親がフライト中の時間をどう過ごさせたいかによって個人差もあると思いますが、ほかのお客様の迷惑にならないように静かに座っていることができて、子ども自身もそれほどストレスを感じないという観点で考えるならば、２歳半くらいからなら長距離のフライトもこなせなくはないと思います。ただし、もちろん親は自分の好きな時間に映画を観たり眠ったりすることはできませんが……。

パリからエクス・アン・プロヴァンスまでは、マルセイユ着で飛行機を使うこともできますが、子ども連れには列車の方が楽しいし楽だろうと、ＴＧＶ▼で移動しました。子どもが生まれてからの海外旅行では、この楽しくて楽（とまではいかなくても、たいへ

各航空会社では子どもに若干のサービスを用意している。http://www.ana.co.jp/dom/checkin/rakunori/family/ http://www.jal.co.jp/smilesupport/baby.html 予約要なので事前に乳幼児が搭乗することを伝えておくほうがよい。機内は肌寒く感じることが多いので羽織るものも用意しておきたい。また離着陸の際、耳が詰まることがあるので飴なども準備して。

ＴＧＶはフランスの高速鉄道。パリからエクス・アン・プロヴァンスまで直行便で約3時間。日本からでもチケットが購入できる。

んではない）というのは、私にとって大切なポイントなのです。たいへんだと感じる大きな要因は移動だと思うので、交通事情や乗り継ぎなどを事前によく調べて、最前と思われるルートを把握していれば、子どもが生まれる前にしていたような旅も意外に可能なんだと実感できたことは、この後の旅の選択肢を大きく広げることになりました。

ラ・ロック・ダンテロン

2009年、友人でもあるジャズピアニストの小曽根真さんが、ビッグバンドNo Name Horsesのみなさんと一緒にラ・ロック・ダンテロンに出演するというので、それはぜひ行きたいねと主人と盛り上がりました。

しかも野外音楽祭となれば、ふだんは未就学児は入場できない小曽根さんのライブに息子も参加できるじゃないかと、それなら今年の夏休みは思い切ってプロヴァンス？などと話はとんとん拍子で進んでいきました。

音楽祭の名称ラ・ロック・ダンテロンとは、エクス・アン・プロヴァンスから車で30分ほどのところにある小さな村の名前です。人口5000人のこの村が、夏のひと月ほど、世界中からやってきた何万人という人でにぎわうのですが、このお客さんたちがめざすのが、野外音楽祭ラ・ロック・ダンテロンです。クラシックからジャズにいたるまで、名だたるピアニストたちが集まり、100を超えるイベントが村のあちこちで開かれま

小曽根真さんはクラシックとジャズで縦横無尽に活躍するピアノ演奏家。テレビや舞台の音楽も手がけるなど、グローバルに広がるその活動からは目が離せない。No Name Horsesは小曽根が結成にかかわった独創的でパワフルなバンド。

す。その音楽祭の中心になるのは、公園の林の中に作られた「パルク・ドゥ・フォロン」という半円形のモダンな屋外ホールです。

No Name Horses が出るコンサートもこのホールで開かれます。まだ明るい、夏の南仏の夕暮れ時に演奏がスタート。私が聴いたのは、チック・コリア（ピアノ）&ゲイリー・バートン（ヴィブラフォン）という、すごく豪華な共演。すがすがしい空気のもとでは、室内で聴く音色とはまた違って、開放感と広がりがあって、ともかくリラックスして聴き入ることができます。

約90分の第1部が終わると、1時間弱の休憩です。

この休憩がまた格別!! ほとんどの観客は芝生にラグを広げ、持参したサンドイッチやキッシュ、美味しそうな前菜類やワインで夕食ピクニックを始めるのですから。音楽を楽しむのはもちろんですが、暗くなる前のひとときの時間を心から楽しんでいるのが見て取れて、「ああ、ヨーロッパの人たちの人生の楽しみ方って、すごく豊かだな、さすがだな」と感動してしまいました。

私たちも、子ども用のパンやジュース、お菓子などは持っていたので、このゆったりとした至福の時間を一緒に過ごすことができました。息子も楽しそうにしていて、この旅の中の本当に幸せな思い出です。

そして第2部、いよいよ小曽根真 with No Name Horses の登場です。静かに演奏を味わっていた第1部とは雰囲気も変わり、客席は大盛り上がり！ 熱狂のままいっきに終

パルク・ドゥ・フォロン。

演、そしてスタンディングオベーションは止まず……という圧巻のテンション!!

息子もノリノリのジャズを聴きながら、「あ、今、ゾウさん、パオーンって鳴いたね!」と感想を口にしたり、「ウォ! ウォ!」と他の観客に合わせて手を叩いていました。小曽根さんのライブはいつもすごい盛り上がりですが、子どももほかのお客さんと一体になってしまうほどの大歓声と大拍手は、やはり野外音楽祭だからこその雰囲気でしょうか。

世界のトップミュージシャンの演奏を、こんな豊かな場所で、家族と一緒に楽しむことができるのは、野外音楽祭ならではですね。

ちなみに第2部が終わって、観客が帰り始めるのは夜11時すぎ。ホテルに戻るのは当然ながら日付が変わった頃になります。夏休み期間ということもあって、息子の他にも何人かお子さんも参加されていましたが、子どもにとっては相当遅い時間。昼間のプログラムもあるようですが、ラ・ロック・ダンテロン自体は、同じルネ・マルタンのプロデュースで5月に東京丸の内他で開催されるラ・フォル・ジュルネ・オ・ジャポン音楽祭▼のように子どももターゲットにしたものというわけではないということを書き添えておきます。

美食のオーベルジュを巡る

ラ・ロック・ダンテロン後、エクス・アン・プロヴァンスからニースまで、5日ほど

▼109ページの「未就学児でも鑑賞可能なコンサート」参照。

かけてドライブして廻りました。

小さな子どもがいると荷物も多く、移動もたいへんですが、車での旅はいろいろな問題を劇的に解決してくれます。列車に乗り遅れる心配もなければ、子どもも好きな時間にお昼寝可能です。

レンタカーは現地でも借りられるのかもしれませんが、チャイルドシートのことなどもあるので、やはり出発前に日本で手配しておくのが安心。ネットでも予約可能なサイトはいくつかありますし、経路などが複雑な場合は旅行代理店に頼んだ方がいいかもしれません。なお、国際免許証の有効期間は1年と短いので、既に取得している場合でも必ず期限を確認した方がいいでしょう。

宿はいずれも美食のオーベルジュ！　にしました。プロヴァンスには、ミシュラン二ツ星、三ツ星の魅力的なオーベルジュがたくさんあります。

私がいちばん感動したのは、ルールマランにある「オーベルジュ・ラ・フニエール」▼。シェフのクリエーションが存分に楽しめるコース料理を味わうガストロノミーと、カジュアルなビストロがあり、ガストロノミーで食べた料理の数々は、感動を通り越して感激の域でした！

ちなみにここには2泊したのですが、初日の夜のガストロノミーへは、主人と2人で。子どもは予め手配していたシッターさんと、部屋に用意してもらったキッズプレートを食べ、遊びながら待っていてもらいました。2日目のビストロへは家族みんなで行きました。


フランスで運転するには国際運転免許証が必要です。在フランス日本大使館のホームページに詳細が出ています。

オーベルジュ・ラ・フニエールは「フランスの最も美しい村」の一つルールマランにある、話題の宿。美しい庭とモダンな客室、のんびりとしたバカンスを約束してくれる至福のホテル。レンヌ・サミュさんが腕を振るうミシュランの一ツ星レストランとビストロを持つ。

海外、特にヨーロッパでは、子どもが行ける場所とそうでない場所がはっきりしている分、ベビーシッターのアレンジもホテルを通して気軽にできる場合が多いのです。

その他にも、「フランスの最も美しい村」の一つゴルド、演劇祭開催で賑わうアヴィニョン、陶器の町として有名なムスティエ・サント・マリー、港町マルセイユなど、どの村も町も美しく美味しく、マイペースでドライブの旅を続けることができました。

衝撃のサンジャネ

もう一つ、ぜひご紹介したい宿があります。ニースから車で30分くらいのサンジャネという村にある、たった2室のシャンブルドット（宿泊と朝食のみの宿）です。

この宿は、オーナー夫妻が山を切り開き、失業者を雇って一緒にテントを作り（設計をしたというのではなくて、本当に大工仕事をご主人とスタッフがやっているのです）、牛、馬、羊、豚、ロバ、鶏などを飼い、野菜や果物、ハーブを育てて、穫れた卵や作ったジャムを、ニースの街のレストランなどに売ったりして生活しながら、宿も営んでいるのです。

当然ながら、客室も手作り！　木を組んで布を張った広いテントの中に、アンティークのベッドや家具が置いてあり、バイオトイレや大きなドラム缶で作ったお風呂。車の停車場からテントまでは10分程度、山道を下らなければならない、ルームサービスなんてない、テレビはもちろん部屋ではインターネットもつながらないなど、数々の不便は

元ジャーナリストの魅力的な女性がオーナーのサンジャネのシャンブルドット「Graine et Ficelle」。わずか2部屋だが、自分たちの手で自分たちの生活を作る、この宿は、今なお現在進行形。http://www.graine-ficelle.com/

あります。でも、そのスケールや徹底ぶりは圧倒的で、日本ではちょっと経験できない環境なのです。

たとえば、息子も、飼っている動物のお世話や、朝、鶏の卵を穫るのを手伝わせてもらったり、パパと2人で山を下りていってヴェルヴェーヌを摘んでハーブティーを入れたり、おやつは畑で採ったフランボワーズ……。

南仏の旅の最後に、予想外の自然との共生、自分の手で生活を作っていくという体験をすることになりました。

サスティナビリティやエコロジー、自立ということに、真摯に向き合って生きるオーナー夫妻の人柄にも触れて、私たちも、未来の世界についていろいろ考えるきっかけをもらった宿となりました。

音楽、歴史、食、自然、違う文化と主張のある生き方……、プロヴァンスは都会ではありませんが、人間にとって大切なものがたくさんある豊かな場所です。そして、ヨーロッパは、成熟した文化や生活習慣を持っているので、私たち大人も自分の人生やあり方について深く考えさせられる経験ができました。まだ未消化でしょうが、子どもの心の中にも、そういう種をまくことができていればいいなと思います。そして、何よりも、いちばんの収穫は、子どもと一緒に世界を旅することの醍醐味がよくわかった旅ができたことです。

#17

すべてにおいて「完璧」な、
夢いっぱいの船旅

ディズニー・クルーズライン（アメリカ／カリブ海）

ディズニーの船旅

「ディズニー・クルーズライン」▼に行ってみようと思ったのは、実は子どものためだけではありません。尊敬する先輩クリエイターから、「可士和も行ってみるといいよ、ディズニー・クルーズライン。いろいろ勉強になると思う」と勧められたのがきっかけです。ちょうど息子が3歳を過ぎた頃のことでした。南仏への旅を通して、私も子連れ海外旅行に自信が持てるようになっていましたし、ディズニーも大好きだったこともあり、それなら今度はディズニー・クルーズラインを経験してみようと計画をたてることにしました。

ディズニー・クルーズラインには、実にいろいろな種類があります。ディズニー所有

▼ディズニー・クルーズライン
http://disneycruise.disney.go.com/
ただしこのサイトは英語。ディズニー・クルーズラインの現地発着のツアーは郵船トラベルなど何社かが扱っている。

の4艘の客船で企画される旅は、バルセロナから出航して地中海をまわるもの、バンクーバー発着でアラスカへ向かうもの、そして私たちが乗船したオーランドから車で1時間ほどの港、ポート・カナベラルを出航してカリブ海を巡るものなど、目的地や日数、出発時期に合わせて幅広い選択肢があります。

本場アメリカを訪れるのなら、ディズニーの世界観を存分に満喫したいと考え、私たちはクルーズ前後にオーランドのウォルト・ディズニー・ワールド・リゾートにも行けるようにカリブ海の5泊6日コースをチョイスしました。息子が年少の夏休みです。

今回のクルーズに使われる「ディズニー・ワンダー号」の客室数は、なんと875室!! 11階建ての船内には、3つのプール、4つのレストラン、バーにラウンジにスナックカウンター、劇場、映画館、子どものプレイエリアにティーン用のゲームコーナー、スパ、ジム、ショップにフットサルコートなど、船というより、一大リゾートのようなスケール……。最初は迷子になりそうでした。

客室は、コンパクトながら、バルコニーも付いていて快適！ 決して広いとは言えませんが、ベッドにソファ、デスクにクローゼット、清潔なシャワー&トイレも各部屋に備わっていて、よくできた設計だなぁと感心してしまいました。

インテリアの感じは、大人ディズニーというのでしょうか？ モダンで落ち着ける雰囲気です。

そして、プールではミッキーやミニーに、エレベーターを降りたところではリロ&ス

ティッチに、またショーではドナルドダックやプリンセスたちなどなど、船内のいたるところでキャラクターグリーティングが！

普通ディズニーランドでは、大人気のキャラクターにはなかなか近付けないものですが、ここではハグしてもらえたり、好きなだけ一緒に写真が撮れたりするのですから、子どもならずとも自ずとテンションが上がるというものでしょう（笑）。

楽＆楽

クルーズでは毎日たくさんのアクティビティが用意されていて、前夜に翌日のスケジュールが各客室に配布されます。

ディズニー・キャラクターが登場するショーも、毎日いくつもあって、とてもすべて観ることはできません。

劇場のショー以外でも、プールサイドのステージでお兄さんとドナルドが踊ったり、そうかと思えば別のキャラクターのショーが始まったりと、本当に盛りだくさん！　プールでは、上のデッキから滑り降りるスライダーがあったり、ジャグジーがあったりで、子どもにはたまらない楽しい環境です。

私自身、豪華客船のクルーズは初めての経験でしたが、最大の感想は「こんなに楽だと思わなかった……」に尽きます（笑）。

ファミリーでもカップルでも、そして国内でも海外でも、旅行中の移動は大なり小な

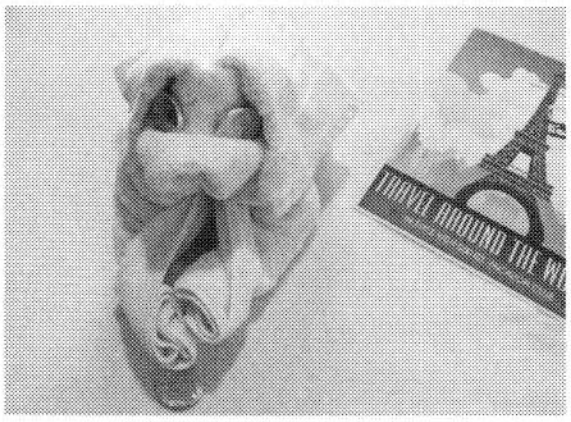

部屋のタオルもこんな形で。

りストレスです。ですがクルーズには、その移動というものが存在しないのです。だって、クルーズとはすなわち移動で、移動自体がエンターテインメントになっているのですから。ここでは、遊んでいたら、いつの間にか寄港地に到着するというシステム。「クルーズなんだから当然でしょう」と思われるかもしれないのですが、これが実際に経験してみると、想像を絶するほど楽で、びっくり（笑）。しかもそのエンターテインメントはディズニーとくれば、子どもも楽しくていつも笑顔！

当初は、クルーズの目的はマイアミやバハマなどの寄港地を楽しむことだと思っていたのですが、それは逆。「ディズニー・クルーズラインを楽しむ」というのが本命で、ついでにいろいろな土地を見てまわれる旅というのが正しいクルーズであると私の解釈は激変しました。

言うまでもありませんが、託児のシステムも充実しています。

特筆すべきなのは、船内には18歳以下禁止のプールや大人限定のスパもあるのです。大人だけでディズニー・クルーズラインに乗る人がそんなにいるのかしらと最初は驚きましたが、そうではなくて、みなさんキッズアクティビティに子どもを預けて、大人の時間を過ごしていたのでした。

私も試しに、3時間ほどのプログラムに預けてみました。

ポケベルのようなものを渡されて、何か問題があったら連絡しますと言われた数分後、「最初はちょっと不安そうだったけれども、スタッフと遊んでいて落ち着いたので、もう大丈夫」というメッセージが届いただけで、途中で引き取りに行くようなことはあり

ませんでした。

お迎え後に子どもに聞いてみると、英語がわからなくてゲームには参加できなかったけれども、お姉さんが個別に遊んでくれたから楽しかったとのこと。さすがディズニーのホスピタリティですね。

大人も学ぶ旅

クルーズのハイライトの一つは、カリブ海に浮かぶディズニーのプライベートアイランド「キャスタウェイ・ケイ」で過ごす一日。

ここはディズニー・クルーズラインでしか行くことのできない特別な島なのです。映画『パイレーツ・オブ・カリビアン』の撮影に使用された船、「フライング・ダッチマン」号がたたずむのを眺めながら船が港に着くと、ミッキーやミニーがお出迎え。サラサラとしたホワイトサンドが青い空と海に映える、パラダイスという言葉がぴったりの小島で、ゲストは思い思いの時間を過ごすことができます。

カリブの休日を満喫できるこの島は、ランチのBBQやビュッフェをサービスする小屋、キャスタウェイ・ケイの消印入りの手紙が出せる郵便局、ビーチグッズやお土産を売るショップから、島の施設を示す掲示サイン、さりげなく置かれたオブジェに至るまで、ディズニーの世界観が完璧に行き届いていて、カリブの小島のディズニー・バカンスの雰囲気にそぐわないものは何一つないのです。

キャスタウェイ・ケイ。

ディテールにまで神経が行き届いたその徹底したブランド管理は、船上も同じです。ショーやパーティのレベルの高さから、笑顔の絶えないスタッフのホスピタリティ、各種アクティビティの完璧なタイムマネジメントまで、「不満」とか「がっかり」という文字を思い浮かべる隙のないほど、全体において非常に高いクオリティを貫いています。これがディズニー・クオリティなのでしょう。

小さなプライベートクラブならいざ知らず、これだけ大きな客船で千人をゆうに超えるたくさんのゲストをアテンドしているにもかかわらず、誰もが「楽しかった！」、「大満足！」、「また来たい！」と思うようなサービスを提供するというのは、半端なことではありません。

「一生分のディズニーだった。もうしばらくはいい（笑）」と言っている主人ですが、確かにブランドのあり方については学ぶところがたくさんありました。

一方、子どもにとっては、夢いっぱいの船旅で、「楽しい旅の原体験」。いずれにとっても、実り多い旅となりました。

#18

子どもの夢が家族全員の宝物になる！

ムパタ・サファリ・クラブ（ケニア　マサイ・マラ）

夢を実現する

アフリカのサバンナは、いつか行ってみたいとずっと憧れていた地です。とはいうものの、遠いし情報も少ないし……そのうち子どもも生まれ、実現の糸口を見つけることができずにいましたが、劇団四季の『ライオンキング』に出会ったのを機に、子どもが年中の夏休みに、いよいよ旅することになりました。

直接のきっかけになったのは、『ライオンキング』を幾度も鑑賞し、そのパンフレットも熟読し、登場する動物について動物園や図鑑でいろいろ調べあげた息子の、「ヌーの大群、見てみたい。ヌーってどこにいるの？」という言葉です。

確かにヌーはあまり動物園では見かけません。

ナイロビ市内におけるテロ発生に伴い、ケニアは外務省から渡航に関する注意喚起となっています（2014年2月現在）。渡航に際しては状況に応じた情報収集や安全対策を講じた上でご計画ください。

「ヌーはアフリカにいるよ」と答えると、

「アフリカにヌーを見に行きたい」。

「そうだね」と、私も最初のうちは適当に相槌を打って、聞き流し気味だったのですが、ずっと「アフリカにヌーを見に行きたい」と繰り返す息子とサバンナに暮らす動物たちの王国の話をしていると、だんだん「確かにアフリカに『リアルライオンキング』を見に行くのはいいかも！　そもそも私だってずっと行ってみたいと思っていた憧れの地じゃないか」と、旅の行き先として、アフリカを真剣に考えるようになりました。


　しかし遠いアフリカ。ガイドブックも少ないうえ、4歳児を連れて行くとなると、フライトプランもよく練り、ハードな旅、危険な旅は避けなければなりません。

　最初は南アフリカに当たりをつけて調べていましたが、ケニアのマサイ・マラ国立保護区かタンザニアのセレンゲティ国立公園が、夏休みという時期のうえでも、出会える動物のバリエーションのうえでも、またアクセスのうえでも最適であるのがわかってきました。

　中でもマサイ・マラ国立保護区に隣接するオロロロの丘にある「ムパタ・サファリ・クラブ」▼というリゾートロッジは、その設立に日本人の方が関わっていて、設計は鈴木エドワード氏、レストランのメニューは三國清三シェフが監修、草原の中に客室となる23のコテージが点在しているという施設。

　マサイ・マラには他にもいくつかのリゾートロッジがありますが、ここは日本人もしくは日本語を話すスタッフが常駐しているとのことで、子ども連れには心強いと、迷わ

マサイ・マラ国立保護区：ケニア南西部に広がる320平方キロメートルもの草原を含む地帯。保護区内には2つの川が流れ、たくさんの動物が住む。

セレンゲティ国立公園：マサイ・マラに隣り合うタンザニア北部の広大なサバンナ地帯。両地域を渡るヌーの大移動は世界的に有名。1981年にユネスコの世界遺産（自然遺産）。マサイ・マラ国立保護区同様、東アフリカに生息する動物のほぼすべてを見ることができる。

ムパタ・サファリ・クラブ
http://www.mpata.com/
眼下をマラ川が流れる素晴らしい場所に建つロッジ。サファリドライブ（ゲームドライブ）をはじめ、マサイ族の村訪問やバルーンサファリなどもアレンジしてくれる。滞在中に絵葉書を書けば投函してくれるサービスも。オープンエアのレストランやバーもある。

ず決めました。大人だけの旅行なら日本人スタッフの有無が決め手になるということはないでしょう。ですが、子どもに万一のことがあって、大都市に搬送しなければならない……というような緊急事態が起きたなら、英語ですべてそれをやりきる自信はないので、やはり遠い異国の地での日本語スタッフの存在は大きいと考えたのです。

もう一つ、当時息子は食物アレルギーがあったので、もしもの時に備えて「エピペン」というアナフィラキシー症状の進行を緩和する自己注射薬もかかりつけの先生に処方していただいて持参しました。

当然ですが、ムパタへの道は遠いです（笑）。ケニアまでの直行便はないので、ドバイで乗り継ぎのため1泊します。ケニアに到着しても、ナイロビ国際空港から国内線の出るウィルソン空港へは、車で30分ほど移動しなければなりません。

ウィルソン空港は、空港とはとても思えないような平屋の建物で、搭乗口も離発着のアナウンスも特になし、チケットを見せると「あっち」と指さされたとおぼしき小型機の前で待つのですが、似たような小型機はたくさん停まっているし、行き先が書いてあるわけでもないし、本当にこれでいいのか超不安（笑）。

10人も乗れば満席の小型機で飛ぶこと45分。ついにマサイ・マラ国立保護区に到着です。

サファリ滞在の鍵はホテル選び

マサイ・マラに限らず国立保護区ではどこもだいたい同じかと思いますが、サファリドライブに行くには、専用の四駆車と「ケニア・プロフェッショナル・サファリ・ガイド」の有資格者であるドライバー兼ガイドが必要です。それをアレンジするのはホテルです。また、気球から動物たちを眺めるバルーンサファリや、マサイ族の村への訪問、近隣のヴィクトリア湖でのフィッシングなども、すべてホテルの主催または手配になります。また、ひょっこりレストランがあるような場所ではけっしてないので、食事もすべて宿泊しているホテルでとることになります。

というわけで、滞在中はすべての活動のベースはホテル。ですからサファリに行くためにも、休暇を快適にすごすためにもホテルのチョイスが鍵になります。

マサイ・マラに実際に来てみて実感したのは、ここは本当に〝動物の王国〟で、人間はそこにお邪魔しているだけであるということです。

ここには電気が来ていないので、各ホテルが自家発電をしています。ですから、シャワーから温かいお湯が出るのも、客室で電気がつくのも朝5時から10時、夜18時から22時半の間だけです。フロントでは非常用の電源を備えているというものの、それ以外の時間は懐中電灯やキャンドルで過ごすのですから、さぞや不便に感じる、と思われるでしょう。ところが！　特に何の不自由も感じませんでした。

停電もままあるらしく、電気が使える時間内であっても「だめ?!」という状態もありましたが、「そんなことは小さいこと、どうでもいいな」と思えるほど、自然が圧倒的

見晴らしのよい丘に建つホテル(右)からは雄大な大地が見わたせる(左)。

な迫力を持っているのを体感しました。地球、自然、大地、いのち……そういうものにまさに抱かれた日々を過ごしたのです。

ムパタ・サファリ・クラブ

サファリの話をする前に、ムパタについて少しお話ししましょう。

日本人が設立に関わっているだけあって、ゲストの半分ぐらいは日本人、残りはヨーロッパ各国の方がほとんどでした。

カップルや年配のご夫婦のほか、ヨーロッパからは家族で来ている方も多いせいか、レストランにはハイチェアがあったり、幼児に対しても配慮されているようでした。

ゲームドライブ（ここではサファリのことをこう呼びます）は朝6時出発と動物が再び活発に動き出す夕方を目指す15時出発の2回、保護区を天井が全開する6人乗りのジープで訪れます。その他にも前述したバルーンサファリやクラフトなどのアクティビティがあるほか、伝統的な一弦ヴァイオリンのような楽器「シリリ」作りや、マサイ族の女性に習うビーズアクセサリー作りなどもホテルがアレンジしてくれます。

敷地内を歩けばカラフルなトカゲなどの小動物に遭遇するのも珍しいことではありませんし、ホテルのゲートから一歩出るとキリンやシマウマなどが悠々と歩いています。

客室であるコテージからは、アフリカの偉大な水平線までずっと続く大草原を眺望でき、「地球って、まるいんだ……」と、家族3人で日々感動を新たにしていました。

リゾートロッジの名前にもなっている「ムパタ」とはアフリカの画家の名前。アフリカの魂を感じさせる明るく素朴で力強い絵で世界中を驚かせた。

作った「シリリ」を弾く。

「ケニアって、食べ物どうだったの？」とよく聞かれますが、それも心配ありません（笑）。レストランでの食事は朝食、昼食、夕食とも日替わりでメニューが決まっていますが、メインとデザートは二つの中から選択可能。時にはビュッフェスタイルになることもあります。牛肉の煮込みやラザニアなど、基本は素朴な洋食ですが、たまに出てくるアフリカのローカルフードも食べやすく美味しかったです。

ディナーの時にはマサイ族の踊りやシリリの演奏といったショーが行われることもあり、ハードもソフトもとても充実した素晴らしい宿でした。

リアル・ライオンキング

息子にとってマサイ・マラは、ライオン王が治める動物たちの王国。

私たちにとっても、まさに「リアル・ライオンキング」の世界そのものと言っても過言ではありませんでした。

多くの動物たちは朝、活動が活発です。

早朝、雌ライオン数頭が音もなくヌーの群れに近づき、だんだん距離を詰めて行きながら襲いかかる瞬間など、動物たちの王国で繰り広げられるドラマにたくさん出会うことができました。ゲームドライブで見る光景には、一つとして同じものはありません！

ある時、狩ったヌーを無心で食べているライオンの風下にまわると、普段はまったく

ある日のディナー。ローカルフードの一皿。

しない匂いが漂っていたことがあります。つまりこれは死臭だったのでしょうが、まさに生と死を感じずにはいられない体験でした。

川を渡ろうとしていたアンテロープの群れの中で、一匹だけワニに捕まり、脚を噛みつかれて立ち往生している場面にも出会いました。他のアンテロープはもちろん先に行ってしまいます……。かろうじて川岸に立っているアンテロープにワニも無理に襲いかかったりはせず、何度か噛みつきながら力尽きるのを側でじっと待っているのです。その攻防の決着がつくのは数時間後ということで、私たちはその場を離れましたが、にわかに現れたカバが、ワニを追い払おうとしたのを見て、息子は「カバがレイヨウ（「ライオンキング」でのアンテロープの呼び方）を助けた!! カバ、すごいね!!」と、カバの勇気ある行動に感激していました……。現実には、そんなことはあり得るわけもなく、縄張りを邪魔されたカバがワニを威嚇したのです。そして万一奇跡的にアンテロープが逃げ切れたとしても、あの傷ついた脚では死が待っているだけでしょう。

「生命の連環」を目の当たりにする衝撃も多々あった一方で、思わず動物たちの愛情を感じるような場面にもたくさん巡り会うことができ、何よりも動物たちのありのままの姿、美しく、誇り高く生きている姿を見ることができて、今思い出しても胸が熱くなります。

偉大な自然、生きることの尊さと過酷さ、そして「すべては巡る」この大いなる営みを経験できたケニアへの旅は、私たち家族にとって、かけがえのない宝物のような記憶となりました。

#19

南太平洋の鮮やかな海でしか体験できないこと

タヒチ　ボラボラ島（フレンチポリネシア）

世界でいちばん好きなリゾート

南太平洋はタヒチの島々のなかの一つボラボラ島は、主人と私が世界でいちばん好きなホテル「ホテル・ボラボラ」▼がある美しい島です。

残念ながらこのホテルは今、改修工事中で、リニューアルオープンは未定（2013年末時点）。ですが、夢に出てくるような南の島の青い空と碧い海、夜になるとマンタの近づいてくる静かな桟橋、シャークフィーディング（サメの餌付け）や、信じがたいほどたくさんの魚に囲まれて泳ぐシュノーケリングなど、他のどんな場所でも味わったことのない、美しいこの島にすっかり魅了され、いつか家族でも訪れたいと願っていました。それは、意外に早く、息子が6歳の時に実現できました。

ホテル・ボラボラはアマン・リゾーツのホテルの一つ。ボラボラ島でいちばん美しいとされるライティティ岬に位置する、瀟洒でこぢんまりした老舗ホテル。贅沢なインテリア、行き届いたホスピタリティに増して素晴らしいのは、ビーチから臨む最高の海。世界中から新装オープンを待つ声が届いている。

水上バンガロー、煩わされるもののない時間……タヒチは大人のリゾートというイメージがあるかもしれません。けれども宝石のように美しい自然と、息をのむような海での感動は、ぜひ子どもにも体験させたいものの一つです。

そして、タヒチに行くのなら、ぜひともラグジュアリーなリゾートホテルに泊まりたいものです。そのようなホテルは大人向けと思いきや、意外にキッズクラブや子ども向けのアクティビティが充実していて、ファミリーでのステイを快適に過ごせるところも少なくありません。ほとんどのホテルがホームページ上に子どもの受け入れ体制を紹介していますので、大人向けと諦めないで、ぜひチェックしてみてはいかがでしょうか？

水上バンガロー

ボラボラ島でラグジュアリーなリゾートホテルといえば水上バンガロー！

というわけで、子どもと一緒のタヒチでは、「フォーシーズンズ・ボラボラ▼」の水上バンガローに宿泊しました。リビングの床の一部がガラス張りで、そこから海中が見えるという部屋は、プライベートプール付きです。

モダンで快適な室内、目の前にはクリアな空と真っ白な雲、何色もの青がグラデーションを描く海が広がっています。どんな時にも、耳には優しい波の音が飛び込んでくる、なんとも至福のロケーション。

フォーシーズンズ・ボラボラには、プライベートビーチはもちろん、気持ちのよいメ

ボラボラ島はフレンチポリネシアのソシエテ諸島の島の一つ。タヒチ島にある首都パペーテからエアタヒチでボラボラ空港まで直行便で50分。空港からホテルまではボートで渡る。あまりに美しい海は多くの人を魅了してきたが、海の透明度と岩礁を住処とする魚類の多さから多くのダイバーの憧れの的でもある。

フォーシーズンズ・ボラボラの水上バンガロー。

インプール（ボラボラは海が素晴らしいので、大きなプールはないというホテルもあります）や、シュノーケリング専用のラグーンなど、海に出なくても広いホテル内で楽しめる場所がたくさんあります。

　ボラボラ島に限らず、フォーシーズンズのホテルには、「Kids For All Seasons」という5~12歳の子どものための無料プログラムが用意されているのですが、ここボラボラでは、海洋生物学者が同行するシュノーケリングセッションや、パレオのペインティングやココナッツや貝殻を使ったクラフトなど、アウトドア、インドアの各種アクティビティが毎日豊富に開催されています。私たちの滞在は年末年始にかかっていたので、大晦日には、「Kids Karaoke Party」なるものも企画されていました。

　タヒチならではの体験が子どもにとって貴重なものになるのはもちろんですが、このような世界的なリゾート地での滞在は、さまざまな国の子どもたちとコミュニケーションできる絶好の機会なので、かなりオススメです！

　レストランも、シーフードが美味しいメインダイニング、朝食ビュッフェとランチ、カジュアルなディナーをサービスするレストラン、ビーチサイドのテーブルでお鮨も楽しめる大人の雰囲気のバー、サラダやサンドイッチなどをそろえて気軽に立ち寄れるプールバーと四つあります。宿泊している部屋の、水上に張り出した大きなデッキに備えられたダイニングテーブルでのルームサービスというのも素敵なので、滞在中の食の選択肢は豊富です。

フォーシーズンズ・ボラボラ
http://www.1.fourseasons.com/jp/borabora/
空港からボートで15分、２００８年オープンのこのホテルは、ポリネシアンの雰囲気をたたえながら、モダンで快適。水上バンガローは眺望によって3種類。

サメと泳ぐ！

ボラボラ島に行ってマストなのが、シャーク&スティングレイ・フィーディング。ブラックチップシャークという120cmくらいのサメがたくさんいるポイントまでボートで行って、現地のガイドが餌をまくと、なんと船のまわりにサメがどんどん寄ってきます！

それだけでもかなりの驚きなのですが、なんと自分たちもシュノーケルの用意をしてボートから降りて、そのサメの中を一緒に泳ぐのです!!

まわりに何匹いるか、ちょっと数えきれないほどのサメ。ものすごく近くを泳いでいるので目が合ってしまうこともあります。サメの顔がすぐ前にある、これにはかなりビビります。実際には人を襲うことはない種類のサメだそうですが、サメに向かって指を出したりしないようにと注意されたりして、「指、出したら、食べられちゃうのか？」と想像するとそれはまたゾクゾクしてしまいます（笑）。

このアクティビティ、実は私は3度目でしたが、何度体験してもやっぱり大興奮！息子に至ってはシュノーケリングのマスクを口にくわえながら「うわーーーー!! うわーーーーー!!」と唸りすぎて、口に入っていたパイプの先端を噛み切ってしまうほどでした。

サメと一緒にスティングレイ（エイ）も寄ってきますが、こちらはなんともチャーミング。でもしっぽが長いので、思いがけず体としっぽが接触したりすることも多く、そ

すぐ近くをサメが横切る。

の硬質な肌触りには、またまたびっくりします。

サメのポイントを離れ、別のポイントでもまた海に入れるのですが、今度は信じられないくらいたくさんの、色とりどりの魚に囲まれてのシュノーケリングが待っています。

たとえ水族館の水槽に入ったとしても、これほどたくさんの魚に囲まれて泳ぐことはないだろうと思うような光景！　カクレクマノミはもちろん、エンゼルフィッシュや大小のカラフルな魚、そしてウツボまで出現するという、まさに「リトル・マーメイド」ワールド。

ケニアが動物の世界にお邪魔しているなら、ボラボラ島は海の生き物の世界にお邪魔しているという感じでしょうか。タヒチがこれほど特別なのもまた圧倒的な自然の迫力に対する感動があるからなのです。

このような自然のダイナミックな迫力に出会った時の心が震えるような感動は、時間がたっても色あせず、思い出すだけで澄みきったおおらかな気持ちになります。

ボラボラ島で見つけた綺麗な貝殻をずっと机に飾って大切にしている息子を見ると、子どもにとっても「楽しかった」以上の何かが残っているのだと思います。

あまりにも素晴らしい魚の世界。

#20

郷土色豊かな祭りを通じて異文化に触れる

バレンシアの火祭り（スペイン）

火を巡る旅

人それぞれに〝THE異国〟というイメージの国があると思いますが、私にとってのそれはスペインかロシア。とくにスペインは、アメリカやイギリス、フランスよりも、あるいはイタリアよりも一般的な情報は少ないのに、フラメンコや闘牛、アルハンブラ宮殿、サグラダ・ファミリアなど、エキゾチックでアイコン的な文化、伝統、建築は有名。子どもの頃にそれらを目にした時から、「いつか行ってみたい憧れの異国」の上位に常にスペインがありました。

そんなわけで、本などでスペインの情報を前々からなんとなく集めていた中で知ったのが、情熱の国・スペインを象徴するような半端ないスケールのお祭り。街中がフラメンコの衣装の人で溢れるセビリアの春祭り、ピレネー山脈にほど近い町パンプローナの牛追い祭り（サン・フェルミン祭）、そして毎年3月中旬に開催され、春の到来を告げるといわれるバレンシアの火祭り（サン・ホセの火祭り）は、スペイン三大祭りです。

地中海に面したスペイン第三の都市バレンシアでは、3月14日にもなると広場や通りに、たくさんの「ファヤ」と呼ばれる大型の張り子人形が出現します。

大きいものは30mを超えると言われますから、3階建ての建物ほど。ギリシア神話であったり、映画のワンシーンであったりと、それぞれテーマに合わせ数体の人形で構成されていて、愉快だったり風刺を利かせていたり、人形の背景もかなり作り込まれています。

これが街中に普通に設置されているのですから、街全体が不思議なテーマパークになってしまったかのような錯覚を覚えます。

この張り子の人形ファヤは、地区ごとのファヤ職人のチームが一年がかりで作り上げたもの。しかし、こんなにたくさんの人形も、人気投票で1位になったもの以外、すべて火祭りの最終日である3月19日の深夜から20日未明にかけて、火をつけられて燃やされてしまいます！

ファヤが至るところにあるだけでも現実離れしたすごい風景なのに、そのすべてに点火して燃やしてしまうなんて、いったいどんなお祭りだろう……ぜひ一度見てみたいとかねがね思っていたのでした。そこで息子が幼稚園を卒園した年の春休み、それを実現

バレンシア地方について少し。地中海に面したスペイン東部の海岸地域。よく知られるバレンシアオレンジの産地。温暖な米の産地でもあり、米に魚介を入れるパエリアはここが発祥。歴史的にもイベリア人のみならず、ローマ人、カルタゴ人、イスラム教徒など多くの民族の往来のさかんな地であったため、ヨーロッパのなかでも特にエキゾチックなイメージのある地域の一つである。

バレンシア市の観光公式サイトhttp://www.visitvalencia.com/ja/home

スペインの文化を知るためにhttp://acueducto.jp/も参考になる。

することにしました。

小学生になると春休みのスタートももう少し遅いでしょうし、学年が上がるにつれ部活などで学校生活は忙しくなりそうで、今年を逃すと家族で火祭りを見に行ける機会はないかも……というのがその年を選んだ理由です。

卒園式は3月16日。翌17日に日本を発ち、パリ経由でバレンシアに入れば18日には到着できます。クライマックスは19日深夜。

出発前に息子に火祭りの話をしたところ、「僕は水を巡る旅はいろいろしているけど、火を巡る旅はまだ一度もしたことがないから、すごく楽しみ！」と言いました。「火のように強く、水のように美しく」という願いを込めてつけた息子の名前ですが、6歳にして自分の名前に誇りとアイデンティティを感じているらしき発言には、少し驚かされもしました。


激！

火祭りの期間、バレンシアは本当にお祭りムード一色！

スペインの三大祭りと言われるだけあって、広場という広場にはファヤが設置されていて、それを見ようと周辺の住民はもとより、世界中からものすごい数の観光客が押しかけます。その混雑のただ中でバンバンと「ペタルド」と呼ばれる爆竹をならしまくっていることにまずびっくりしました。

これがファヤ。

なんでも、一年のうちでこの火祭りの期間しか営業していないペタルド専門店がたくさんあると聞き、さらに驚きです。いったい他の期間はどうしているのかしらと（笑）。ペダルトは年齢によって買える種類が制限されていますが、せっかくなのでわが家も購入して広場でやってみたところ、案の定、男の子にはたまらない様子！　今どき、東京では爆竹なんてなかなかできませんから、かなり刺激的だったようです（笑）。

お祭りの夜には、花火が上がるのですが、それも日本のそれとは一味も二味も違います！　これでもかー！　というほど、どんどん上がり、しかも半端ないほどの大音量‼　日本のように一つの花火のかたちや色の美しさを楽しむ趣味はまったくありません。バレンシアに長く住んでいる日本人の方に聞いた話では、以前、日本の花火の技術がすごいとの評判から、日本から花火師の方を呼んで打ち上げたところ、バレンシアっ子にはどうも物足りなかったということ。それも納得のすごい激しさです。

激しいことばかりではなく、期間中、民族衣装に身を包んだ老若男女による聖母マリアへの献花パレードが行われますが、音楽隊とともに広場まで行進する人々は陽気で華やかで美しく、祭りの幸せな空気が溢れています。

そしていよいよクライマックス！

その年で最高とされた1体を残して、すべてのファヤに火をつけて燃やしますが、よくこれで火事が起きないなと驚くほど、街のあちこちですごい炎に包まれて人形たちが

さっそくペタルドを試す。左の写真は献花パレードに参加した民族衣装の女性たちと。

燃えていきます。

消防隊も立ち会い、順々に点火していくのですが、なんというか、もう凄まじい迫力!! 紙と木でできた人形たちはあっという間に火柱を立て、やがて火の粉を吹きながら崩れ落ちます。最後は、あんなに大きかったファヤが跡形もなく燃え尽きてしまっていて、感慨深いものがありました。この時間帯に空から街を見ると、バレンシアが燃えているようだと言えます。

火祭りの期間は学校もお休みだそうで、深夜にもかかわらず子どももこの一大行事に立ち会っていますが、翌朝からは普通に学校。大人も何事もなかったかのようにふだんの生活に戻ります。

爆竹、花火、ファヤを包む炎、そしてフラメンコの激しいステップや手を打ち鳴らして奏でるリズムなどなど、スペインは本当に「激!」というイメージの国です。以前訪れたマドリードやバルセロナといった都市とは異なり、地方の街の持つ郷土色豊かな迫力というのは、子どもにとっても衝撃的な本格〝異国〟体験だったのは間違いありません。

世界は広くて、それぞれの場所に、それぞれの人が生き、それぞれの豊かな歴史と文化を大切に育んでいるのだということが、スペインの情熱の炎の思い出と共に、心のどこかに残っていてくれればいいなと願っています。

あっという間に燃え落ちるファヤ。

食の楽しみ

スペインの食は本当に美味しいです！

ドングリを食べて放牧で育った豚の生ハム「ハモン・イベリコ・デ・ベジョータ」、種類も豊富なパエリア、魚介類も肉料理もバリエーション豊富なら、野菜も新鮮で、もうどこで何を食べても「いける！」という感じです。「スペイン、美味しかったね、また行きたいね」と、今も息子が口にするほどの美食インパクトな旅でした。

カジュアルな雰囲気のお店も多く、子ども連れで行きやすいのも嬉しいところ。しかし開店時間は遅いです!! ランチは13時半ぐらいから、ディナーは20時半ぐらいからでないと、レストラン自体がオープンしていません。

最初の2、3日は「お腹空いて倒れる……」を連発していた息子。ポテトチップスなどで空腹を凌いだり、ディナーが済んだ瞬間眠りに落ちたため、主人と私で交互に背負ってホテルまで歩いて戻ったりと、若干の苦労はありました（笑）。とはいうものの何日かすると体が自然に慣れてくるようで、旅の後半は問題なく食を満喫できました。

何と言っても、そんな苦労を吹き飛ばすくらいダイナミックに美味しいスペインの食！ 食は旅の大きな楽しみの一つというのは、大人も子どもも同じでしょう。

あとがき

この本でご紹介させていただいた体験は、息子が2歳から6歳までに出会ったものです。子どもの様々な可能性の蓋が閉じていない幼児期は、これから生きていく上でのベースとなる感性を育てることに主眼を置き、知識的なことはその後で……と考えながら過ごしてきたので、自ずと自然遊びや外で楽しむアクティビティが多くなっているかと思います。この先、成長するにつれ、自分のアイデンティティを形成していくべく歴史や文化に触れたり、世界とコミュニケーションするための語学を習得していく時間も増やしていきたいと考えていますが、まずはそれらを受け止める土台である心と体をしっかりつくっていければと願いながら過ごしてきた数年間でした。

本人の個性というものは、湧きだすように自ずと出てくるもののようで、多くの自然遊びをしてきたと言っても、わが家の息子は今のところ決してアウトドア派でもなければわんぱくスポーツ少年といった様子でもありません。

小学校に入学して間もない頃、授業で作った自己紹介カードを家に持って帰ってきたことがありました。自分の絵の横に名前や家族構成、好きなこと、得意なことなどを書くというものでしたが、得意なことの欄には、なんと「マジック」と「センス」と書いてあり、「得意なことは、『センス』?!」と、それを見たときは私もかなりの驚愕でした(笑)。

センスの話なんて、子どもにいつしたかしら? と不思議ですが、主人と私の間では日常的に存在する概念であり、会話にも出てくる言葉なので、「子どもって、大人を見ているし、話も聞いているんだな」と改めて気付かされました。日常生活の延長に、非日常的なスペシャルな体験があって、そのすべてによって子どものキャラクターは形成されていくのだと実感したエピソードでもあります。

目下、極真空手にはまっていて、道場訓「生涯の修業を空手の道に通じ、極真の道を全うすること」を本人なりに実践しようとしている息子ですが、たくさんのことに出会っていく中で、自分が本当に夢中になれるものを摑むことができるというのも「センス」の一つと言えるかもしれません。夢中になるものは、まだまだこれから先も変化していくでしょう。でもそれこそ「生涯の道を○○に通じ、○○の道を全うすること」と言い切れるほど強く信じられるものを摑めるように、ずっと応援していきたいと思っていますし、それを見つけることができる感性を伸ばしていくのが、私の役割かなと思っています。

興味の幅もどんどん広がり、自らの意志でやりたいと思うことが増えていく7歳からのこれから数年間は、今までとはまた違ったステージが待っていることでしょう。でも子どもも私たちも、人生の中でかけがえのない時間を過ごしていることには変わりありません。この成長の過程にある、たくさんの「未知との遭遇」を、共に楽しんでいきたいと思っています。

最後になりましたが、この本を書く機会を作って下さり、構成や原稿についていつも的確なアドバイスをいただいた筑摩書房の大山悦子さん、素敵なデザインでその場面が甦るような本にして下さった高橋良さん、そして、ここにご紹介している珠玉の時間と経験をご一緒して下さったすべてのみなさまに、心から感謝申し上げます。本当にありがとうございました。

二〇一四年二月　佐藤悦子

佐藤 悦子（さとう・えつこ）

1969年東京生まれ。早稲田大学教育学部卒業後、株式会社博報堂、外資系化粧品会社のAD/PRマネージャーを経て、2001年アートディレクター佐藤可士和のマネージャーとしてSAMURAIに参加。大学や幼稚園のリニューアル、病院のトータルディレクション、企業のCIやブランディング、商品や店舗開発など、既存の枠組みにとらわれず、アートディレクションの新しい可能性を提案し続けるプロジェクトに幅広く携わる。

自身のブログhttps://www.1oven.com/etsuko_sato/には、SAMURAIのプロジェクトはもちろん、食や手土産に関することなどが綴られているが、子どもと一緒に楽しむ旅行やイベントにはとくに多くの反響がある。

著書に『SAMURAI 佐藤可士和のつくり方 改訂新版』、『「オトコらしくない」から、うまくいく』（清野由美氏との共著）、『佐藤悦子の幸せ習慣』などがある。

［協力］
グローブライド株式会社／株式会社星野リゾート
［写真提供］
ノーザンホースパーク・ノーザンホースパークマラソン事務局＝ｐ９（中中、中左、下右）
株式会社ベネッセホールディングス＝p99、公益財団法人 福武財団＝p100
金沢21世紀美術館＝p101
東京YMCA＝ｐ82（下３点）、119（左）、121、122
Discover Japan＝p83、128、129、130
＊その他の写真はそれぞれの場面で佐藤可士和、佐藤悦子、あるいはパパ友＆ママ友が撮ったものです。

想像力《そうぞうりょく》を 限《かぎ》りなく 刺激《しげき》する！
子《こ》どもに体験《たいけん》させたい20のこと

２０１４年３月25日 初版第一刷発行

著 者 佐藤悦子（さとう・えつこ）
発行者 熊沢敏之
発行所 株式会社筑摩書房
〒１１１-８７５５ 東京都台東区蔵前２-５-３
振替００１６０-８-４１２３
印刷・製本 三松堂印刷株式会社

乱丁・落丁本は、お手数ですが左記にご送付ください。送料小社負担でお取り替えいたします。ご注文・お問い合わせも左記にお願いいたします。
筑摩書房サービスセンター
〒３３１-８５０７ さいたま市北区櫛引町２-６０４
電話 ０４８-６５１-００５３

ISBN978-4-480-87872-4 C0077
デザイン 高橋 良